Inhalt

Der Tannenbaum hinter einem Rezept steht für Weihnachtsplätzchen. 🌲

Vorwort

Wer sagt denn, dass man Plätzchen nur zu Weihnachten essen kann? Nicht umsonst nennen die Engländer die kleinen gebackenen Köstlichkeiten Teegebäck. Aber egal, ob wir sie nun Plätzchen, Kekse, Cookies oder Teegebäck heißen – sie sind immer eine feine Begleitung zu Tee oder Kaffee.

In meinem Plätzchenbuch stelle ich Ihnen genau 81 Rezepte vor. 66 davon sind süße Plätzchen. Davon wiederum sind 34 reine Weihnachtsplätzchen, die restlichen 32 können natürlich AUCH zu Weihnachten auf den Plätzchenteller kommen, sind aber anders als zum Beispiel Zimtsterne durchaus hochsommertauglich ... Habe ich von einer Gesamtzahl von 81 Rezepten gesprochen? Denn eigentlich sind es locker weit über 100, schließlich gibt es zu fast jedem Rezept Tipps für Varianten und kleine Extras.

Eingeteilt habe ich die Rezepte nicht nach der Technik ihrer Zubereitung (wird ihr Teig geknetet oder gerührt?), sondern nach ihrem Finale: Wie kommen sie auf Blech? Werden sie ausgestochen, werden sie in Stücke geschnitten oder werden sie ganz einfach aufs Blech oder auf Oblaten gelöffelt oder gespritzt? Von schnell bis aufwändig ist alles dabei!

Backen ist eine einzigartige Form des DIY (Do it yourself). Und Selbstgebackenes zu essen oder zu verschenken macht schlicht glücklich.

Noch etwas spricht dafür, öfter mal Plätzchen zu backen: Für Gäste sind sie ideal – in Blechdosen aufgehoben bleiben sie viel länger frisch als jeder Kuchen und jede Torte. Und deshalb habe ich mir einiges an Kleingebäck einfallen lassen, das man über das ganze Jahr hinweg backen und genießen kann – natürlich auch zu Weihnachten!

Dass Plätzchen nicht immer süß sein müssen, beweist das Kapitel „Die Salzigen". Hier habe ich herzhaftes Gebäck zusammengestellt, das man zum Glas Wein oder Bier oder zum Knabbern auf der Couch servieren kann. Unter uns: Besser als alle Chips!

Viel Spaß und noch mehr Genuss wünsche ich Ihnen mit meinen neuen Kreationen.

Gina Greifenstein

Die Theorie

Das Handwerkszeug

Küchenwaage: Mit ihr kann man alles ganz genau abwiegen – perfekt wäre eine Waage mit Zuwiegefunktion.

Große Schüssel: Für Knetteig.

Rührschüssel: Für Rührteige und Makronenmassen.

Handrührgerät: Mit Quirlen und Knethaken.

Backbrett: Zum Ausrollen des Teiges; gibt es aus Holz und aus Kunststoff. Im Fachhandel erhalten Sie auch spezielle dicke Folien oder Silikonmatten, die nach dem Backen einfach zusammengerollt werden können.

Nudelholz: Zum Ausrollen des Teiges; kann aus Holz, Marmor oder Kunststoff sein.

Ausstechförmchen: Gibt es in allen möglichen Formen.

Fingerhut: Damit können Sie für die Spitzbuben ganz einfach Löcher in den Plätzchen ausstechen – und mit einer dünnen Stricknadel können Sie den Teig ganz leicht wieder aus dem Fingerhut lösen.

Teigrädchen oder scharfes Messer: Um den Teig oder fertiges Backwerk perfekt in Rauten oder Dreiecke zu schneiden.

Lineal: Damit werden geschnittene Plätzchen alle gleichlang und gleichbreit.

Backbleche: Am besten ist es, wenn Sie mehrere davon haben, denn dann können Sie schon die zweite Ladung Plätzchen auf ein Blech legen, während die erste im Ofen backt. Dabei ist es egal, ob sie emailliert, teflonbeschichtet oder aus Weiß- oder Schwarzblech sind. Legen Sie nur nie die ungebackenen Plätzchen auf ein warmes Blech, denn sonst zerlaufen sie gleich.

Backpapier oder spezielle Backfolie: Wenn Sie Bleche damit belegen, bäckt nichts an und Sie können Ihre Plätzchen heil vom Blech herunternehmen. Papier und Folie können mehrfach verwendet werden. Und noch ein Vorteil: Die Bleche müssen nicht ständig gespült werden.

Küchenwecker: Er erinnert daran, wann die Bleche aus dem Ofen genommen werden müssen, damit die Plätzchen nicht zu dunkel werden.

Pürierstab: Zum Glattrühren von Marmeladen.

Backpinsel: Gibt es aus Holz und aus Kunststoff. Damit werden die Plätzchen mit Ei oder Guss bestrichen.

Butterbrotpapier: Darauf lassen Sie Ihre verzierten oder glasierten Plätzchen trocknen. Legen Sie auch beim Aufbewahren in der Dose immer eine Lage von dem Papier zwischen die fertigen, mit Marmelade gefüllten Plätzchen, damit sie nicht zusammenkleben.

Frischhaltefolie: Um den Teig einzuwickeln, bevor er zum Ruhen in den Kühlschrank gelegt wird.

Die Zutaten

Butter: Auf sie haben schon unsere Großmütter beim Weihnachtsgebäck geschworen. Sie gibt Plätzchen und Keksen den unvergleichlichen Geschmack und macht sie lange lagerbar. Sie sollte immer zimmerwarm verarbeitet werden, da sich dann Teige leichter kneten oder rühren lassen.

Cashewkerne: Sind die Früchte des Cashewbaumes, auch Nierenbaum genannt. Der Baum war ursprünglich in Brasilien beheimatet, wurde aber im 16. Jahrhundert von den Portugiesen in Mosambik und Indien eingeführt. Cashewkerne werden bei uns vor allem als leckere Knabberware angeboten, passen aber auch in asiatische Pfannengerichte oder Salate. Und in Gebäck!

Deko für Gebäck: Gibt es in allen Formen und Farben, von schlichten Schokoperlen, -streuseln, -herzen oder -blättern bis hin zu Blattgold. Wenn Sie mit Kindern zusammen backen, werden diese sich ganz sicher für bunte Zuckerperlen oder -streusel entscheiden.

Erdnüsse: Kommen aus Südamerika und sind botanisch gesehen Hülsenfrüchte wie Erbsen und Bohnen. Es gibt so einiges, was man aus ihnen herstellt: Erdnussöl, Erdnussbutter, Erdnussflips – es gibt sie aber auch geröstet und gesalzen zum Knabbern oder als Zutat in Süßigkeiten.

Käse (für die salzigen Kekse): Am besten eignet sich nicht so fetter Hartkäse, zum Beispiel Parmesan, Bergkäse oder Emmentaler, den Sie am Stück kaufen und vor dem Backen frisch mit der Gemüsereibe fein reiben. Das geht besonders gut, wenn der Käse aus dem Kühlschrank kommt.

Kakao: Hier ist nicht gesüßtes Kakaogetränkepulver gemeint, sondern dunkles, ungesüßtes Kakaopulver.

Kandierte Früchte: Das sind mit Zuckersirup gekochte und dann getrocknete Früchte (z.B.: Kirschen, Datteln), Fruchtschalen (z.B.: Orangeat, Zitronat) oder auch Ingwer.

Kuvertüre: Gibt es in verschiedenen Ausführungen: als Vollmilch, Zartbitter oder weiße Schokolade.

Kokosfett: Gibt geschmolzener Kuvertüre Geschmeidigkeit und nach dem Trocknen Glanz.

Makadamianüsse: Kommen aus Australien und sind die Früchte eines Silberbaumgewächses. Wegen des schwierigen Anbaus, der komplizierten Weiterverarbeitung und nicht zuletzt wegen der gestiegenen Nachfrage zählen sie zu den teuersten Nüssen der Welt. Die Macadamianuss wird daher auch als „Königin der Nüsse" bezeichnet.

Marmelade, Konfitüre, Gelee: Sie geben dem Gebäck das gewisse Etwas. Zum besseren Verarbeiten sollten sie glatt gerührt, die Sorten mit groben Stücken am besten püriert werden. Tipp: Tauschen Sie die angegebenen Marmeladen in den Rezepten doch einfach mal gegen andere aus – schon kreieren Sie eine neue Sorte Plätzchen!

Marzipanrohmasse: Besteht aus Mandeln und Puderzucker und ist im Supermarkt fertig erhältlich. Für das typische Aroma sorgen ein paar Bittermandeln.

Mehl: Für Kuchen und feines Kleingebäck empfiehlt es sich Weizenmehl Type 405 zu verwenden. Als Ersatz können Sie auch Dinkelmehl Type 630 nehmen.

Mohn: Dies sind die Samen des Blau-, bzw. Schlafmohns. Durch seinen hohen Ölgehalt wird gemahlener Mohn schnell ranzig – daher am besten ganze Mohnsamen kaufen und diese erst kurz vor dem Verarbeiten mahlen – mit der elektrischen Kaffeemühle geht das ganz flott.

Nugat: Am besten verarbeiten lässt sich Nussnugatcreme aus dem Glas. Wenn sie zu fest zum Streichen sein sollte, gibt es folgenden Trick: Den Backofen ausschalten, wenn das letzte Blech mit Plätzchen herausgenommen wird. Das Glas mit der Nugatcreme ohne Deckel so lange hineinstellen, bis die Creme schön weich geworden ist.

Nüsse/Mandeln: Ob nun Haselnüsse oder Mandeln, Sie sollten sie immer frisch kaufen, da sie durch längeres Lagern ranzig werden können. Das gilt besonders für die fertig gemahlenen Nüsse. Am besten, Sie mahlen die benötigte Menge frisch mit der Handmühle oder der Küchenmaschine. Sie benötigen grob gehackte Nüsse? – Ganz einfach! Füllen Sie die gewünschte Menge in einen Gefrierbeutel und klopfen Sie mit dem Fleischklopfer darauf, bis die gewünschte Beschaffenheit erreicht ist.

Pekannüsse: Gehören zu der Gattung der Walnussgewächse und sind ursprünglich in Nordamerika beheimatet. Bei uns sind sie sehr teuer.

Pinienkerne: Diese geschälten Samen aus den Zapfen der Pinie kommen aus dem Mittelmeerraum und sind in der mediterranen Küche sehr beliebt. Am berühmtesten ist wohl das „Pesto alla genovese". Sie schmecken aber auch in verschiedenen Gebäcken und angeröstet im Salat. Achtung: Wegen ihres hohen Fettgehaltes werden sie schnell ranzig!

Pistazien: Sind die hellgrünen Früchte des Pistazienbaumes und kommen ursprünglich aus dem Nahen Osten. Ihr Geschmack ist süßlich, mandelartig, aber gleichzeitig kräftig würzig. Es gibt sie im Handel geröstet und gesalzen als Knabberei, sie werden aber auch in Speiseeis, Wurst (Mortadella) und Süßwaren – allen voran in Mozartkugeln – verarbeitet.

Sesam: Hier handelt es sich um die Samen einer Pflanzenart aus der Familie der Sesamgewächse. Es ist eine weltweit verbreitete Kulturpflanze und vermutlich die älteste Ölpflanze der Welt, deren Samen zur Verfeinerung von Backwaren dienen.

Zitronen-, Limonen- oder Orangenschale: Abgeriebene Schale von Zitrusfrüchten gibt Gebäck ein ganz besonderes Aroma. Verwenden Sie dafür unbedingt unbehandelte Biofrüchte, waschen Sie diese vor dem Abreiben heiß ab und trocknen sie gut ab.

Gewürze von A–Z

Asiagewürz: Diese fein ausgewogenen Gewürzmischungen gibt es fertig zu kaufen. „Fünf Gewürze" besteht z.B. aus Zimt, Nelken, Fenchel, Sternanis sowie Pfeffer und verleiht Speisen eine asiatische Note.

Chilipulver, -flocken: Chilischoten sind die kleineren, meist schärferen Verwandten der Paprika und kommen ursprünglich aus Südamerika. Sie werden frisch verwendet oder getrocknet und dann gemahlen. Sie geben Fleisch- und Fischgerichten sowie Soßen das gewisse Etwas.

Currypulver: kommt aus Indien zu uns. Die Gewürzmischung enthält eine Vielzahl von Komponenten wie z.B. Kurkuma (verantwortlich für die Farbgebung), Koriander, Kreuzkümmel, Pfeffer, Bockshornklee, Ingwerpulver, Knoblauchpulver, Fenchel, Zimt, Muskatnuss, Paprikapulver und Cayennepfeffer. Je nach Dosierung der einzelnen Gewürze schmeckt jedes Curry anders, von blumig bis scharf. Es wird für Fleisch-, Fisch- und Geflügelgerichte, aber auch für Gemüse verwendet. Und, wie in unserem Fall, für salziges Gebäck.

Ingwer: kommt aus Asien und schmeckt fruchtig-scharf. Es handelt sich um die Wurzel eines Ingwergewächses, die gerne frisch, aber auch getrocknet und gemahlen verwendet wird. Ingwer eignet sich für Süßspeisen, Gebäck und Tees, aber auch für herzhafte Speisen.

Kardamom: stammt aus Indien und dem arabischen Raum. Er schmeckt süßlich-scharf und ist Bestandteil vieler Curry-Mischungen. Wird zum Verfeinern von Kaffee, aber auch für Weihnachtsgebäck und orientalische Speisen verwendet.

Knoblauchpulver oder -granulat: Dafür wird frischer Knoblauch getrocknet und gemahlen. Eine aromatische Würze für Fleisch, Fisch und Gemüse. Auch herzhaftem Gebäck verleiht es das gewisse Etwas.

Koriander: Kommt aus dem vorderen Orient und schmeckt leicht pfeffrig. Die Samen werden gemahlen und beim Brotbacken verwendet. Aus Lebkuchen und Spekulatius ist er nicht wegzudenken.

Kräuter: Es gibt viele wunderbar aromatische Kräuter, wie Basilikum, Bohnenkraut, Dill, Estragon, Oregano, Petersilie, Rosmarin, Salbei, um nur die wichtigsten zu nennen. Für die salzigen Kekse sollten Sie sie am besten getrocknet verwenden.

Kümmel: So werden die Samenkörner des Kümmels, einer Pflanze aus der Familie der Doldenblütler genannt. Er ist gut für den Magen und die Verdauung und wird daher bevorzugt Kohlgerichten beigegeben. Brot gibt er einen feinen Geschmack, der auch im Kümmelschnaps gut ankommt.

Muskatnuss: Stammt aus Südasien und schmeckt nussig-würzig. Die bei uns bekannte ganze Muskatnuss ist der Kern einer fleischigen Baumfrucht. Muskat eignet sich hervorragend für Eierspeisen, Kartoffelgerichte und weihnachtliches Gebäck.

Gewürznelken: Kommen aus Indonesien und schmecken süßlich-scharf. Diese sehr aromatischen Knospen des Gewürznelkenbaumes passen wunderbar zu Pflaumenmus, süß-sauer eingelegten Früchten, Birnenkompott, Lebkuchen und Punsch.

Paprikapulver: Kommt aus Ungarn zu uns, wo die Paprikapflanze Ende des 16. Jahrhundert von den Osmanen eingeführt wurden. Für das Pulver werden die reifen Paprikafrüchte getrocknet und dann fein vermahlen. Es gibt verschiedene Schärfegrade, am meisten wird wohl in Deutschland „Paprika edelsüß" und „Rosenpaprika" verwendet. Es eignet sich für Suppen, Soßen, Eintopfgerichte (Gulasch!), Fisch, Wurst, Fleisch, Geflügel und Salate.

Piment: Wird auch Nelkenpfeffer genannt und schmeckt würzig-scharf. Schon die Azteken würzten ihr traditionelles Getränk „Xocolatl" damit – die Urform der heißen Schokolade. Piment darf in Lebkuchen oder Punsch nicht fehlen.

Vanille: Wird aus fermentierten Orchideenschoten gewonnen. Das Mark, das aus den Schoten gekratzt wird, eignet sich hervorragend zur Aromatisierung von Süßspeisen und Gebäck, aber auch für Marmeladen, Tee oder Kaffee.
So können Sie ganz leicht selbst Vanillezucker herstellen: Die ausgekratzten Schoten in Stücke schneiden und mit Zucker in ein luftdicht verschließbares Glas füllen. Gut mischen und 2-3 Wochen durchziehen lassen.

Zimt: Kommt aus Indonesien und China und schmeckt leicht scharf. Die braunen Stangen werden aus der Rinde des Zimtbaumes gewonnen. Wir verwenden Zimt hierzulande meist gemahlen. Er eignet sich für Süßspeisen jeglicher Art, Kompott, Glühwein und Gebäck, gibt aber auch herzhaften Speisen eine orientalische Note.

So gelingt es problemlos – Tipps und Tricks beim Plätzchenbacken

Gute Vorbereitung ist alles: Bevor Sie mit dem Backen loslegen, sollten Sie alle Zutaten genau abwiegen, abmessen, klein schneiden oder hacken und in Reichweite bereitstellen, denn das garantiert ein zügiges Arbeiten.

Die Zutaten für die Plätzchen bitte genau nach Rezept abwiegen, da davon das Gelingen des Gebäcks abhängt.

Knetteig herstellen: Geben Sie die abgewogenen und abgemessenen Zutaten in eine große Schüssel und kneten Sie alles gut durch, bis ein glatter Teig entstanden ist.

TIPP: *Am besten bereiten Sie den Teig am Abend vorher zu, damit er im Kühlschrank gut durchziehen kann und die Butter fest wird. Dann lässt er sich besser weiterverarbeiten. Und schneiden Sie sich zum Verarbeiten des Teiges immer nur einen Teil davon ab – den Rest lassen Sie im Kühlschrank, damit er bei Zimmertemperatur nicht zu weich wird.*

Plätzchen ausrollen: Den gut durchgekühlten Knetteig immer auf einer bemehlten Arbeitsfläche ausrollen, damit er nicht daran kleben bleibt – dabei auch das Nudelholz immer wieder mit Mehl bestäuben. Allerdings sollte man nur so viel Mehl wie unbedingt nötig verwenden, damit der Teig nach mehrmaligem Ausrollen und Wiederverkneten nicht zu bröselig wird und das Gebäck nach dem Backen nicht nur nach Mehl schmeckt. Mit ein bisschen Übung bekommen Sie das richtige Gefühl dafür.

Spritzgebäck herstellen: Wer einen Fleischwolf mit Spritzgebäckaufsätzen hat, kann ihn natürlich verwenden. Bei kleinen Teigmengen lohnt sich das Aufbauen und Reinigen aber eigentlich gar nicht. Man kann dann auf den Spritzbeutel mit verschiedenen Tüllen zurückgreifen. Beachten Sie dabei aber, dass Sie den Teig nicht auf einmal, sondern in mehreren kleinen Portionen in den Beutel füllen. Zum einen lässt er sich so mit viel weniger Kraftaufwand auf das Blech spritzen. Zum anderen wird er durch die Wärme der Hände nicht zu weich, was dazu führen kann, dass das Gebäck beim Backen zu sehr zerläuft.

TIPP: *Falls der Teig dennoch zu weich sein sollte, die Bleche mit dem aufgespritzten Gebäck kurz in den Kühlschrank stellen.*

Makronenmasse herstellen: Achten Sie darauf, dass das Eiweiß mit dem Zitronensaft sehr steif geschlagen wird. Erst dann lässt man den Zucker unter weiterem Schlagen einrieseln und schlägt so lange weiter, bis die Masse glänzt. Nun werden Mandeln, Nüsse oder Kokosraspel portionsweise vorsichtig mit dem Schneebesen untergehoben.

TIPP: *Makronenmasse immer sofort verarbeiten, da sie durch längeres Stehen ihre Standfestigkeit verliert und flüssig wird.*

Aufbewahrung

Plätzchen und Kekse werden am besten in luftdichten Blechdosen und an einem kühlen Ort aufbewahrt. Damit sie ihren Eigengeschmack bewahren, sollten sie immer nach Sorten getrennt verpackt werden und gefüllte Plätzchen jeweils durch eine Lage Butterbrotpapier getrennt werden.

Verzieren ganz einfach

Ei: Schon vor dem Backen wird das Gebäck damit bestrichen. Man verquirlt einfach ein Ei mit einem Teelöffel Milch und bepinselt die Plätzchen damit – das gibt dem Gebäck beim Backen eine schöne Farbe. Auf den mit Ei bestrichenen Plätzchen bleibt aber auch vor dem Backen einiges schön haften, bunte Zuckerperlen zum Beispiel. Oder, wie bei den salzigen Sorten, alles von Kümmel bis Sesam.

Zuckerguss: Die Basis dafür ist Puderzucker, der mit Rum, Saft, Kaffee, etc. angerührt wird. Um keine lästigen Klümpchen zu erhalten, sollten Sie den Puderzucker vorher durchsieben. Wer es rot oder rosa mag, kann etwas Erdbeer- oder Himbeermarmelade durch ein Teesieb streichen und unter den Guss mischen. Und wer es richtig bunt liebt, kann Speisefarbe untermischen.

Kuvertüre: Egal für welche Sorte Sie sich entscheiden, sie sollte stets grob zerkleinert zusammen mit etwas Kokosfett in einer Metallschüssel über dem Wasserbad bei kleiner Temperatur und unter Rühren langsam geschmolzen werden. Sie können Ihr Gebäck hineintauchen oder die Kuvertüre mit einem Backpinsel auf das Gebäck streichen, sie mit einem Löffel über die Kekse klecksen, oder sie in einen kleinen Gefrierbeutel füllen, die Öffnung verknoten und eine kleine Spitze abschneiden – damit können Sie gleichmäßige Sprenkel und Streifen aber auch Muster und Namen spritzen. Sie können die Kuvertüre aber auch in der Mikrowelle herstellen: einfach grob hacken und zusammen mit Kokosfett in eine Tasse geben. Nach dem Erhitzen gut durchrühren und weiterverarbeiten.

TIPP: Da Schokoladenguss leicht grau anlaufen kann, verzieren Sie ihre Plätzchen am besten nicht alle auf einmal, sondern portionsweise.

Pannenhilfe: Was tun, wenn ...

... der Knetteig zu bröselig ist?
Kneten Sie noch 1 Eigelb oder 1 EL Butter oder 1 EL Milch unter.

... der Knetteig zu klebrig ist?
Kneten Sie vorsichtig noch etwas Mehl unter oder etwas gemahlene Mandeln oder Haselnüsse, die ebenfalls sehr gut binden. Manchmal hilft es auch, wenn man die Teigmasse 1 Stunde lang in den Kühlschrank stellt, denn dadurch wird die Butter wieder fest.

... die Kuvertüre Klümpchen hat?
Streichen Sie die Kuvertüre durch ein grobes Sieb oder pürieren Sie sie kurz mit dem Pürierstab.

... der Zuckerguss Klümpchen hat?
Streichen Sie den Guss löffelweise durch ein Teesieb oder pürieren Sie ihn kurz mit dem Pürierstab durch.

... der Zuckerguss zu flüssig ist?
Rühren Sie noch etwas gesiebten Puderzucker unter.

... der Zuckerguss zu zähflüssig ist?
Rühren Sie tropfenweise noch etwas Flüssigkeit unter.

... die Makronenmasse zu flüssig ist?
Schlagen Sie noch ein Eiweiß sehr steif und heben Sie es vorsichtig unter die Masse. Manchmal helfen auch 1 oder 2 Esslöffel Mandeln, Haselnüsse oder Kokosraspel weiter.

ausgestochene
PLÄTZCHEN

Sie brauchen nicht viel dafür: einen gut gekühlten Knetteig, ein Nudelholz und ein paar hübsche Ausstechförmchen – und schon kann es mit dem Backen losgehen. Verschiedene Zutaten, Füllungen und kreative Verzierungen machen das Gebäck einzigartig.

Fruchtig-aromatisch mit feinem Kaffeearoma.

Orangen-Kaffee-Triangeln

350 g Mehl
120 g Zucker
1 Pck Vanillezucker
2 Msp Backpulver
2 gehäufte TL Instant-Cappuccinopulver
80 g Schokoraspeln
200 g weiche Butter
2 Eier
200 g Orangenmarmelade oder Orangengelee
(Rezept S. 116)
200 g Puderzucker
3 EL kalter Kaffee
200 g Schoko-Kaffeebohnen

Für ca. 130 Stück
1 Std. 40 Min. Zubereitung
9 Min. Backen

1 Aus Mehl, Zucker, Vanillezucker, Backpulver, Cappuccinopulver, Schokoraspeln, Butter und Eiern einen glatten Teig kneten. In Folie gewickelt über Nacht im Kühlschrank ruhen lassen.

2 Ofen auf 200°C vorheizen (Umluft 180°C, Gas Stufe 3). Teig auf bemehlter Arbeitsfläche messerrückendick ausrollen und Dreiecke ausstechen. Auf das vorbereitete Blech legen und im Ofen (Mitte) 7–9 Minuten hellbraun backen.

3 Marmelade glatt rühren und jeweils 2 Plätzchen damit zusammenkleben. Aus Puderzucker und Kaffee einen glatten Guss herstellen. Die Plätzchen damit bepinseln, auf jedes eine Schoko-Kaffeebohne setzen und auf Butterbrotpapier trocknen lassen.

*Das ist der zarte Klassiker ... und soooo vielseitig!
Hier in drei Varianten*

Buttergebäck

*250 g Mehl
125 g Zucker
125 g weiche Butter
1 Ei*

für die weihnachtlich Schlichten:
100 g Zucker, ½ TL Zimt

für die winterlich Aromatischen:
300 g Puderzucker, 7–8 EL Glühwein

für die alltagstauglichen Raffinierten:
*200 g Vollmilchkuvertüre
½ TL Kokosfett*

*Für ca. 120 Stück
55 Min., bzw. 1 Std. 5 Min. Zubereitung
8 Min. Backen*

1 Mehl, Zucker, Butter und Ei zu einem glatten Teig verkneten. In Folie gewickelt über Nacht im Kühlschrank ruhen lassen.

2 Ofen auf 200°C vorheizen (Umluft 180°C, Gas Stufe 3). Teig auf bemehlter Arbeitsfläche messerrückendick ausrollen und Plätzchen in beliebiger Form ausstechen. Auf ein vorbereitetes Blech legen und im Ofen (Mitte) 8 Minuten hellbraun backen.

3 Für die **Schlichten** den Zucker mit dem Zimt mischen und die noch heißen Plätzchen mit der Oberseite hineindrücken.

3 Für die **Aromatischen** aus Puderzucker und Glühwein einen Guss herstellen und die abgekühlten Plätzchen damit bestreichen. Auf Butterbrotpapier trocknen lassen.

3 Für die **Raffinierten** die Kuvertüre grob hacken und mit Kokosfett im Wasserbad schmelzen. Je zwei gleiche Plätzchen damit zusammenkleben. Eng aneinander auf Butterbrotpapier setzen. Mit einem Löffel die restliche Kuvertüre über die Plätzchen sprenkeln. Trocknen lassen.

Dieses Rezept ist ein beliebter Klassiker und schmeckt alle Jahre wieder gut. Machen Sie doch mal lauter verschiedene Herzen daraus und verschenken Sie sie zu Muttertag oder am Valentinstag!

Muttertags- und Valentinstagsherzen

250 g Mehl
125 g Zucker
1 Pck Vanillezucker
125 g weiche Butter
1 Ei
200 g Erdbeermarmelade
Puderzucker zum Bestäuben

Für ca. 20 große Herzen oder viele, viele kleine Herzen
50 Min. Zubereitung
8–10 Min. Backen

1 Aus Mehl, Zucker, Vanillezucker, Butter und Ei einen glatten Teig kneten. In Folie gewickelt über Nacht im Kühlschrank ruhen lassen.

2 Ofen auf 200°C vorheizen (Umluft 180°C, Gas Stufe 3). Teig auf bemehlter Arbeitsfläche messerrückendick ausrollen. Gleiche Anzahl Herzen und Herzen mit Loch in gleicher Größe ausstechen und auf das vorbereitete Blech legen. Im Ofen (Mitte) in 8–10 Minuten hellbraun backen.

3 Die Marmelade glatt rühren, die ganzen Herzen damit bestreichen und die Herzen mit Loch darauf setzen. Mit Puderzucker bestäuben.

TIPP: *Sie können statt der Herzen natürlich auch ganz normale runde Plätzchen backen.*

Ein Klassiker mal anders

Schoko-Spitzbuben

350 g Mehl
1 Msp Backpulver
100 g Zucker
1 Pck Vanillezucker
80 g Schokoraspeln
2 EL Kakao
½ TL Zimt
200 g weiche Butter
2 Eier
250 g Aprikosenmarmelade
Puderzucker zum Bestäuben

Für ca. 110 Stück
1 Std. 20 Min. Zubereitung
10 Min. Backen

1 Aus Mehl, Backpulver, Zucker, Vanillezucker, Schokoraspeln, Kakao, Zimt, Butter und Eiern einen glatten Teig kneten. In Folie gewickelt über Nacht im Kühlschrank ruhen lassen.

2 Ofen auf 200°C vorheizen (Umluft 180°C, Gas Stufe 3). Teig auf bemehlter Arbeitsfläche messerrückendick ausrollen. Gleiche Anzahl runder Plätzchen und Ringe in gleicher Größe ausstechen, auf vorbereitetes Blech legen und im Ofen (Mitte) 8–10 Minuten backen.

3 Die Marmelade glatt rühren, die ganzen Plätzchen damit bestreichen und die Ringe darauf setzen. Mit Puderzucker bestäuben.

TIPP: *Sie können natürlich auch ganz normale Spitzbuben, bzw. Hildatörtchen backen. Der Teig ergibt dann ca. 80 Stück.*

Erdnusstaler

250 g Mehl
125 g Zucker
125 g weiche Butter
1 Ei
100 g Erdbeermarmelade
175 g Erdnusscreme ohne Stückchen
150 g Zartbitterkuvertüre
1 TL Kokosfett

Für ca. 75 Stück (ø 4 cm)
1 Std. 10 Min. Zubereitung
ca. 8 Min. Backen

1 Aus Mehl, Zucker, Butter und Ei einen glatten Teig kneten. In Folie gewickelt über Nacht im Kühlschrank ruhen lassen.

2 Ofen auf 200°C vorheizen (Umluft 180°C, Gas Stufe 3). Teig portionsweise messerrücken-dick ausrollen und runde Plätzchen ausstechen. Auf das vorbereitete Blech legen und im Ofen (Mitte) ca. 8 Minuten hellbraun backen. Abkühlen lassen.

3 Die Marmelade glatt rühren. Jeweils 1 Plätzchen zuerst mit Erdnusscreme bestreichen, dann einen Klecks Marmelade darauf geben und ein Plätzchen daraufsetzen.

4 Die Kuvertüre grob hacken und mit Kokosfett im Wasserbad schmelzen lassen. Taler zur Hälfte eintauchen und auf Butterbrotpapier trocknen lassen.

Zitronenblumen

300 g Mehl
100 g gemahlene Mandeln
abgeriebene Schale von 1 Bio-Zitrone
1 Ei
125 g Zucker
200 g weiche Butter
150 g Puderzucker
4 EL Zitronensaft
250 g Johannisbeergelee

Für ca. 90 Stück
1 Std. 30 Min. Zubereitung
8 Min. Backen

1 Aus Mehl, Mandeln, Zitronenschale, Ei, Zucker und Butter einen glatten Teig kneten. In Folie gewickelt über Nacht im Kühlschrank ruhen lassen.

2 Ofen auf 200°C vorheizen (Umluft 180°C, Gas Stufe 3). Teig auf bemehlter Arbeitsplatte messerrückendick ausrollen und Blumen ausstechen – die Hälfte davon mit Loch. Plätzchen auf vorbereitetes Blech legen und im Ofen (Mitte) ca. 8 Minuten hellbraun backen.

3 Aus Puderzucker und Zitronensaft einen glatten Guss rühren und die Blumen mit Loch vorsichtig damit bestreichen. Auf Butterbrotpapier trocknen lassen.

4 Johannisbeergelee glatt rühren, je eine Blume ohne Loch damit bestreichen und eine glasierte Blume daraufsetzen.

Sie sind zum Kaffee eingeladen? Dann bringen Sie doch Blumen mit – am besten diese besonders aromatischen!

Pflaumen-Rum-Blumen

400 g Mehl
200 g Zucker
2 Pck Vanillezucker
100 g Schokoraspeln
100 g gemahlene Haselnüsse
200 g weiche Butter
3 Eier
250 g Pflaumen-Rum-Zimt-Marmelade (Rezept S. 116) oder 250 g Pflaumenmus
2–3 EL Rum
Puderzucker zum Bestäuben

Für ca. 100 Stück
1 Std. 20 Min. Zubereitung
8 Min. Backen

1 Aus Mehl, Zucker, Vanillezucker, Schokoraspeln, gemahlenen Nüssen, Butter und Eiern einen glatten Teig kneten. In Folie gewickelt über Nacht im Kühlschrank ruhen lassen.

2 Ofen auf 200°C vorheizen (Umluft 180°C, Gas Stufe 3). Teig auf bemehlter Arbeitsfläche ca. 3 mm dick ausrollen. Gleiche Anzahl ganzer Blumen und Blumen mit Loch ausstechen und auf das vorbereitete Blech setzen. Im Ofen (Mitte) 7–8 Minuten backen.

3 Die Marmelade mit Rum glatt rühren. Die Plätzchen ohne Loch damit bestreichen und die Ringe darauf setzen. Mit Puderzucker bestäuben.

Terrassen aus Butterplätzchenteig kennt jeder – versuchen Sie doch mal was Neues!

Nuss-Terrassen

300 g Mehl
125 g Zucker
100 g gemahlene Haselnüsse
200 g weiche Butter
1 Ei
200 g Aprikosenmarmelade
Puderzucker zum Bestäuben

Für ca. 70 Stück
1 Std. Zubereitung
9 Min. Backen

1 Aus Mehl, Zucker, Nüssen, Butter und Ei einen glatten Teig kneten. In Folie gewickelt über Nacht im Kühlschrank ruhen lassen.

2 Ofen auf 200°C vorheizen (Umluft 180°C, Gas Stufe 3). Teig auf bemehlter Arbeitsfläche messerrückendick ausrollen und runde Plätzchen in drei verschiedenen Größen ausstechen. Auf ein vorbereitetes Blech legen und im Ofen (Mitte) 8–9 Minuten hellbraun backen.

3 Die Marmelade glatt rühren und jeweils drei verschieden große Plätzchen damit zusammenkleben. Mit Puderzucker bestäuben.

TIPP: *Schmeckt auch mit Erdbeermarmelade. Oder: Füllen Sie die Hälfte der Terrassen mit Aprikosen-, die andere Hälfte mit Erdbeermarmelade und schon haben Sie zwei verschiedene Plätzchensorten auf einen Streich!*

Frühlings-Sommer-Herbst-und-Winterplätzchen – diese kleinen Blümchen wachsen (und schmecken) das ganze Jahr über.

Heidelbeerblumen

450 g Mehl
1 TL Backpulver
100 g Zucker
1 Pck Vanillezucker
2 EL Kakao
250 g weiche Butter
2 Eier
250 g Heidelbeermarmelade
250 g weiße Kuvertüre
1 TL Kokosfett

Für ca. 120 Stück
1 Std. 15 Min. Zubereitung
8 Min. Backen

1 Aus Mehl, Backpulver, Zucker, Vanillezucker, Kakao, Butter und Eiern einen glatten Teig kneten. In Folie gewickelt über Nacht im Kühlschrank ruhen lassen.

2 Ofen auf 200°C vorheizen (Umluft 180°C, Gas Stufe 3). Teig auf bemehlter Arbeitsfläche 3 mm dick ausrollen und Blumen mit 4,5 cm ø ausstechen und auf ein vorbereitetes Blech legen. Im Ofen (Mitte) 8 Minuten backen.

3 Die Heidelbeermarmelade glatt rühren und je zwei Blumen damit zusammenkleben. Die Kuvertüre grob hacken, mit Kokosfett im Wasserbad schmelzen und dier Plätzchen teilweise hineintauchen. Auf Butterbrotpapier trocknen lassen.

Zart schmelzend und nicht unbedingt weihnachtlich:

Kirschtaler

200 g Mehl
50 g Zucker
1 Pck Vanillezucker
50 g gemahlene Mandeln
50 g Schokoraspeln
100 g weiche Butter
1 Ei
150 g Kirschmarmelade
100 g Puderzucker
3–4 EL Rum
4 EL Schokoraspeln

Für ca. 70 Stück
50 Min. Zubereitung
10 Min. Backen

1 Aus Mehl, Zucker, Vanillezucker, Mandeln, Schokoraspel, Butter und Ei einen glatten Teig kneten. In Folie gewickelt über Nacht im Kühlschrank ruhen lassen.

2 Ofen auf 200°C vorheizen (Umluft 180°, Gas Stufe 3). Teig auf bemehlter Arbeitsfläche 3 mm dick ausrollen und runde Plätzchen ausstechen. Auf vorbereitetes Blech legen und im Ofen (Mitte) 8–10 Minuten backen.

3 Die Marmelade glatt streichen und immer 2 Plätzchen damit zusammenkleben. Aus Puderzucker und Rum einen glatten Guss rühren und die Taler damit bestreichen. Mit Schokoraspeln bestreuen und trocknen lassen.

Rosarote Wolken zum Vernaschen — einfach himmlisch!

Himbeerwolken

250 g Mehl
125 g Zucker
125 g weiche Butter
1 Ei
200 g Himbeermarmelade
100 g Puderzucker
2–3 EL Zitronensaft

Für ca. 55 Stück
55 Min. Zubereitung
8–9 Min. Backen

1 Aus Mehl, Zucker, Butter und Ei einen glatten Teig kneten. In Folie gewickelt über Nacht im Kühlschrank ruhen lassen.

2 Ofen auf 200°C vorheizen (Umluft 180°C, Gas Stufe 3). Teig auf bemehlter Arbeitsfläche messerrückendick ausrollen, Wolken ausstechen und auf ein vorbereitetes Blech legen. Im Ofen (Mitte) 8–9 Minuten hellbraun backen.

3 1 TL Marmelade mit Puderzucker und Zitronensaft zu einem glatten Guss verrühren. Restliche Marmelade glatt rühren und jeweils 2 Plätzchen damit zusammenkleben. Mit Guss bestreichen und auf Butterbrotpapier trocknen lassen.

TIPP: *Wer keine Kerne in der Himbeermarmelade mag, streicht sie zuerst durch ein Sieb.*

Herrlich schokoladig: Diese Schoko-Plätzchen sind mit einer feinen Schoko-Sahne-Creme gefüllt — mmmhhh!

Schokobissen

250 g Mehl, 1 Msp Backpulver
2 EL Kakao
150 g Zucker
1 Pck Vanillezucker
25 g gemahlene Mandeln
½ TL Zimt
125 g weiche Butter
1 Ei
50 g Sahne
125 g Zartbitterkuvertüre
Puderzucker zum Bestäuben

Für ca. 75 Stück
1 Std. 10 Min. Zubereitung
8 Min. Backen

1 Aus Mehl, Backpulver, Kakao, Zucker, Vanillezucker, Mandeln, Zimt, Butter und Ei einen glatten Teig kneten. In Folie gewickelt über Nacht im Kühlschrank ruhen lassen.

2 Ofen auf 200°C vorheizen (Umluft 180°C, Gas Stufe 3). Teig auf bemehlter Arbeitsfläche messerrückendick ausrollen und runde Plätzchen mit 4 cm ø ausstechen. Auf das vorbereitete Blech legen und im Ofen (Mitte) 8 Minuten backen.

3 Die Sahne in einem kleinen Topf aufkochen. Topf vom Herd nehmen und die grob gehackte Kuvertüre darin auflösen. Kurz durchquirlen und etwas abkühlen lassen. Immer 2 Plätzchen mit einem Klecks Schokocreme zusammenkleben. Mit Puderzucker bestäuben und kühl aufbewahren.

*Sie sehen wunderschön aus, sind herrlich mürb –
und ganz einfach zuzubereiten!*

Walnussherzen

*350 g Mehl
120 g Zucker
100 g fein gehackte Walnüsse
1 Msp Zimt
1 Msp Nelkenpulver
200 g weiche Butter
2 Eier
175 g Puderzucker
2 Msp Zimt
6–7 EL Rum
150 g Vollmilchkuvertüre
½ TL Kokosfett
ca. 90 Walnusshälften*

*Für ca. 90 Stück
1 Std. 10 Minuten
11 Min. Backen*

1 Aus Mehl, Zucker, Walnüssen, Zimt, Nelken,
Butter und Eiern einen glatten Teig kneten. In
Folie gewickelt über Nacht im Kühlschrank ru-
hen lassen.

2 Ofen auf 200°C vorheizen (Umluft 180°C,
Gas Stufe 3). Teig auf bemehlter Arbeitsfläche
ca. 5 mm dick ausrollen. Herzen ausstechen
und auf das vorbereitete Blech legen. Im Ofen
(Mitte) 9–11 Minuten hellbraun backen und
abkühlen lassen.

3 Aus Puderzucker, Zimt und Rum einen glatten Guss anrühren. Mit einem Pinsel die Herzen zur Hälfte bestreichen und auf Butterbrotpapier trocknen lassen.

4 Die Kuvertüre grob hacken und mit Kokosfett im Wasserbad schmelzen lassen. Die an-

dere Hälfte der Herzen in den Schokoguss tauchen, eine halbe Walnuss daraufsetzen und auf
Butterbrotpapier trocknen lassen.

---

*Für alle, die Mohn lieben: Sie sehen klasse aus, sind
super einfach und schmecken unsagbar lecker:*

Mohn-Aprikosensterne

*350 g Mehl
150 g Zucker
100 g gemahlene Mandeln
50 g gemahlener Mohn
200 g weiche Butter
2 Eier
200 g Aprikosenmarmelade
200 g Vollmilchkuvertüre
½ TL Kokosfett*

*Für ca. 95 Stück
1 Std. 10 Min. Zubereitung
8 Min. Backen*

1 Aus Mehl, Zucker, Mandeln, Mohn, Butter und
Eiern einen glatten Teig kneten. In Folie gewickelt
über Nacht im Kühlschrank ruhen lassen.

2 Ofen auf 200°C vorheizen (Umluft 180°C,
Gas Stufe 3). Teig auf bemehlter Arbeitsfläche
messerrückendick ausrollen. Sterne ausstechen
und auf vorbereitetes Blech legen. Im Ofen (Mitte) 8 Minuten backen.

3 Die Marmelade glatt rühren und je 2 Sterne
damit zusammensetze. Die Kuvertüre grob hacken und mit Kokosfett im Wasserbad schmelzen lassen. Sterne teilweise hineintauchen, auf
Butterbrotpapier legen und trocknen lassen.

Ein Teig und zwei verschiedene Plätzchen: einmal mit einer leckeren Orangen-Buttercreme und einmal mit Orangenmarmelade – da kann man sich kaum entscheiden!

Schoko-Orangen-Monde

Für den Teig:
350 g Mehl
2 Msp Backpulver
100 g Zucker
2 EL Kakao
80 g Schokoraspeln
abgeriebene Schale von ½ Bio-Orange
1 TL Zimt
200 g weiche Butter
2 Eier

Variante 1: Creme-Füllung
150 ml Milch
100 ml frisch gepresster Orangensaft
½ Pck Sahne-Puddingpulver
125 g weiche Butter
50 g Puderzucker
200 g Zartbitterkuvertüre
½ TL Kokosfett

Variante 2: Marmeladenfüllung
250 g Orangenmarmelade oder Orangengelee (Rezept siehe S. 116)
200 g Puderzucker
3–4 EL Orangensaft

Für ca. 90 Stück
1 Std. 15 Min. Zubereitung
8 Min. Backen

1 Aus den Teigzutaten einen glatten Teig kneten. In Folie gewickelt über Nacht im Kühlschrank ruhen lassen.

2 Ofen auf 200°C vorheizen (Umluft 180°, Gas Stufe 3). Teig auf bemehlter Arbeitsfläche messerrückendick ausrollen, Monde ausstechen und auf ein vorbereitetes Blech legen. Im Ofen (Mitte)
8 Minuten backen. Abkühlen lassen.

3 Variante 1: Aus Milch, Orangensaft und Puddingpulver einen Pudding kochen. Unter mehrmaligem Rühren abkühlen lassen. Zimmerwarme Butter cremig rühren, dabei portionsweise gesiebten Puderzucker einrühren. Nun löffelweise den Pudding unterrühren. Je 2 Monde damit zusammenkleben und ein paar Stunden im Kühlschrank fest werden lassen. Die Kuvertüre grob hacken und mit Kokosfett im Wasserbad schmelzen lassen. Monde teilweise hineintauchen und auf Butterbrotpapier trocknen lassen.

TIPP: *Creme-Monde im Kühlschrank aufbewahren!*

3 Variante 2: Die Marmelade glatt rühren und je 2 Monde damit zusammenkleben. Aus Puderzucker und Orangensaft einen glatten Guss herstellen und die Monde damit bestreichen. Auf Butterbrotpapier trocknen lassen.

TIPP: *Wer mag, kann fein gehacktes Orangeat auf den feuchten Guss streuen.*

Diese Oster-Plätzchen können Sie verschenken oder selber vernaschen:

Nugathasen

500 g Mehl
250 g Zucker
250 g weiche Butter
2 Eier
250 g Nuss-Nugatcreme
200 g Haselnussguss

Für ca. 19 Stück (Förmchen 12 cm h, 8 cm b)
1 Std. 10 Min. Zubereitung
10 Min. Backen

1 Aus Mehl, Zucker, Butter und Eiern einen glatten Teig kneten. In Folie gewickelt über Nacht im Kühlschrank ruhen lassen.

2 Ofen auf 200°C vorheizen (Umluft 180°C, Gas Stufe 3). Teig auf bemehlter Arbeitsfläche ca. 4 mm dick ausrollen, Hasen und mit einem kleinen, runden Förmchen die halbe Menge Plätzchen für das Schwänzchen ausstechen und auf ein vorbereitetes Blech legen. Im Ofen (Mitte) 8–10 Minuten hellbraun backen.

3 Die Nuss-Nugatcreme etwas erwärmen. Jeweils einen Hasen damit bestreichen und einen anderen daraufsetzen. Den Nussguss im Wasserbad schmelzen lassen. Die Hasen damit bestreichen und auf Butterbrotpapier setzen. Die Schwänzchen daraufsetzen und trocknen lassen.

TIPP: *Keine Häschenzeit? – Stechen Sie doch einfach Herzen oder runde Plätzchen aus und schon haben Sie feine Nugatherzen oder Nugattaler!*

Zarter Haselnusskeks unter Schokoladenhaube, gekrönt von knusprigem Haselnusskrokant – da kann niemand widerstehen.

Krokantblumen

Für den Teig:
250 g Mehl
1 Msp Backpulver
125 g Zucker
2 Pck Vanillezucker
125 g gemahlene Haselnüsse
200 g weiche Butter
1 Ei

Für den Haselnusskrokant:
200 g ganze Haselnüsse
30 g Butter
100 g Zucker

Für den Schokoguss:
200 g Zartbitterkuvertüre + 1 TL Kokosfett

Für ca. 90 Stück
1 Std. 10 Min. Zubereitung
10 Min. Backen

1 Aus den Zutaten einen glatten Teig kneten und in Folie gewickelt über Nacht im Kühlschrank ruhen lassen.

2 Ofen auf 200°C vorheizen (Umluft 180°C, Gas Stufe 3). Den Teig auf bemehlter Arbeitsfläche 4 mm dick ausrollen und Blumen ausstechen. Auf ein vorbereitetes Blech legen und im Ofen (Mitte) ca. 10 Minuten hellbraun backen. Abkühlen lassen.

3 Für den Krokant die Haselnüsse grob hacken. Die Butter in einem flachen Topf zerlassen. Den Zucker dazugeben und unter Rühren schmelzen und karamellisieren lassen. Die Nüsse zugeben und ca. 1 Minute weiter rühren. Die Krokantmasse auf Alufolie verteilen und abkühlen lassen. Dann den Krokant grob zerkleinern.

4 Die Kuvertüre grob hacken und zusammen mit dem Kokosfett im Wasserbad schmelzen lassen. Die Plätzchen damit bestreichen und mit Krokant bestreuen. Auf Butterbrotpapier trocknen lassen.

(Das Rezept für die Zimtsterne steht auf S. 38)

Sie sind der Inbegriff von Weihnachten und dürfen auf keinem Plätzchenteller fehlen:

Zimtsterne

250 g Puderzucker
1 gestrichener TL Zimt
3 Eiweiß
1 Pck Vanillezucker
400 g gemahlene Haselnüsse

Für ca. 50 Stück
50 Min. Zubereitung
25 Min. Backen

1 Ofen auf 150°C vorheizen (Umluft 130°C, Gas Stufe 2). Den Puderzucker mit dem Zimt in eine Schüssel sieben. Die Eiweiß in einer Rührschüssel sehr steif schlagen. Unter weiterem Rühren löffelweise den Puderzucker zugeben. 3 EL Eischnee zum Bestreichen der Sterne abnehmen. Die Quirle des Handrührgerätes gegen Knethaken austauschen. Vanillezucker und Haselnüsse zu dem Eischnee geben und gut durchkneten.

2 Auf die Arbeitsfläche ein großes Stück Klarsichtfolie legen. 2–3 EL von der Nussmasse in die Mitte setzen. Ein weiteres Stück Folie darauflegen und die Nussmasse ca. 1 cm dick zwischen den Folien ausrollen. Sterne ausstechen und auf das vorbereitete Blech legen. Jeden Stern mit Eischnee bepinseln und im Ofen (Mitte) 25 Minuten backen. Die Sterne sollen an der Unterseite noch etwas weich sein. Den auf der Folie zurückgebliebenen Teig zusammenschieben, einen großen Löffel frischen Teig dazugeben und wieder zwischen Folie ausrollen. Solange fortführen, bis der Teig aufgebraucht ist.

TIPPS: *Der Teig hängt weniger an den Ausstechförmchen an, wenn man diese zwischendurch immer wieder in Zucker oder Puderzucker taucht.*
Stechen Sie verschieden große Sterne aus, das sieht besonders hübsch aus.
Wenn Sie lieber Sterne mit weißem Guss haben möchten, dann geben Sie den Zimt nicht gleich zu Anfang zum den Eischnee, sondern erst mit den Nüssen zum Teig.

geschnittene
PLÄTZCHEN

*Hier wird nicht mühsam ausgestochen,
denn Sie rücken dem Teig mit einem
Messer zu Leibe. Diese Plätzchen sind
meistens ruckzuck fertig und
trotzdem kein bisschen langweilig.*

Der mürbe Klassiker zergeht auf der Zunge und schmeckt nicht nur zur Weihnachtszeit.

Heidesand

250 g Mehl
2 Pck Vanillezucker
abgeriebene Schale von 1 Bio-Zitrone
200 g weiche Butter
80 g Puderzucker
50 g Marzipanrohmasse
1 Ei
100 g Hagelzucker

Für ca. 70 Stück
45 Min. Zubereitung
10 Min. Backen

1 Mehl, Vanillezucker und Zitronenschale in eine Schüssel geben. Butter, Puderzucker und klein geschnittenes Marzipan in eine schmale Sahne-Rührschüssel geben. Mit den Knethaken des Handrührgerätes zu einer glatten Masse verarbeiten, zum Mehl geben und einen glatten Teig kneten. In 5 Portionen teilen und auf leicht bemehlter Arbeitsfläche zu Rollen mit ca. 3 cm ø drehen. Auf eine Platte legen und mit Folie zugedeckt über Nacht im Kühlschrank ruhen lassen.

2 Ofen auf 200°C vorheizen (Umluft 180°C, Gas Stufe 3). Ei verquirlen und Hagelzucker auf einen Teller geben. Die Teigrollen erst mit Ei bepinseln, dann im Zucker wälzen. Mit einem scharfen Messer in 0,5 cm dicke Scheiben schneiden und in größeren Abständen auf ein vorbereitetes Blech legen. Im Ofen (Mitte) 8–10 Minuten hellbraun backen. Auf dem Blech abkühlen lassen.

Ein bekannter Klassiker mal ganz anders:

Schoko-Heidesand

250 g Mehl
abgeriebene Schale ½ Bio-Orange
2 EL Kakao
200 g weiche Butter
80 g Puderzucker
1 Pck Vanillezucker
50 g Marzipanrohmasse
1 Ei
100 g Hagelzucker

Für ca. 70 Stück
45 Min. Zubereitung
12 Min. Backen

1 Mehl, Orangenschale und Kakao in eine große Schüssel geben. Butter, Puderzucker, Vanillezucker und klein geschnittenes Marzipan in eine schmale Sahnerührschüssel geben. Mit den Knethaken des Handrührgerätes zu einer glatten Masse verarbeiten, zum Mehl geben und einen glatten Teig kneten. In 5 Portionen teilen und auf leicht bemehlter Arbeitsfläche zu Rollen mit ca. 3 cm ø drehen. Auf eine Platte legen und mit Folie zugedeckt über Nacht im Kühlschrank ruhen lassen.

2 Ofen auf 200 °C (Umluft 180°C, Gas Stufe 3) vorheizen. Ei verquirlen. Hagelzucker auf einen Teller geben. Die Teigrollen erst mit Ei bepinseln, dann in Hagelzucker wälzen. Mit einem scharfen Messer in 0,5 cm dicke Scheiben schneiden. In größerem Abstand auf ein vorbereitetes Blech legen. Im Ofen (Mitte) 10–12 Minuten backen. Auf dem Blech abkühlen lassen.

Orangen-Marzipan-schnitten

Für den Teig:
400 g Mehl
150 g Zucker
2 Pck Vanillezucker
100 g gemahlene Haselnüsse
100 g Schokoraspeln
200 g weiche Butter
3 Eier

Für die Füllung:
300 g Marzipanrohmasse
1 Ei
abgeriebene Schale von ½ Bio-Orange
2 EL frisch gepresster Orangensaft

Zum Zusammenkleben:
1 Ei + 1 EL Milch

Zum Bestreichen:
200 g Puderzucker
4–5 EL frisch gepresster Orangensaft

Für ca. 100 Stück
1 Std. 15 Min. Zubereitung
25 Min. Backen

1 Aus Mehl, Zucker, Vanillezucker, Haselnüssen, Schokoraspeln, Butter und Eiern einen glatten Teig kneten. In Folie gewickelt über Nacht im Kühlschrank ruhen lassen.

2 Für die Füllung das Marzipan klein schneiden und mit Ei, Orangenschale und Orangensaft mit den Knethaken des Handrührgerätes in einer schmalen Sahne-Rührschüssel zu einer glatten Masse verkneten. In einer Tasse das Ei mit der Milch verquirlen.

3 Ofen auf 175°C vorheizen (Umluft 160°C, Gas Stufe 2). Aus Puderzucker und Orangensaft einen glatten Guss rühren. Den Teig portionsweise auf bemehlter Arbeitsfläche messerrückendick zu Rechtecken ausrollen. Mit Hilfe eines Lineals in 6 cm breite Streifen schneiden. Einen Streifen auf das vorbereitete Blech legen. Darauf mit 2 kleinen Löffeln in der Mitte einen schmalen Streifen Marzipanmasse verteilen. Die Teigränder mit der Eiermilch bestreichen und einen zweiten Teigstreifen darauflegen. Die Ränder gut andrücken und mit dem restlichen Teig genauso verfahren. Im Ofen (Mitte) 20–25 Minuten backen.

4. Noch heiß mit Orangenguss bestreichen und mit einem scharfen Messer in 2 cm breite Streifen schneiden. Gut trocknen lassen.

Aromatische Nussmasse eingewickelt in zartem Teig – solche Päckchen bekommt man gerne!

Nusspäckchen

Für den Teig:
250 g Mehl
125 g Zucker
125 g weiche Butter
1 Pck Vanillezucker, 1 Ei

Für die Nussfüllung:
2 Eiweiß
200 g Zucker
250 g gemahlene Haselnüsse
1 Msp Zimt

Zum Bestreichen:
2 Eigelb + 2 EL Milch

Für ca. 95 Stück
1 Std 30 Min. Zubereitung
15–20 Min. Backen

1 Aus Mehl, Zucker, Butter, Vanillezucker und Ei einen glatten Teig kneten. In Folie gewickelt über Nacht im Kühlschrank ruhen lassen.
2 Für die Füllung Eiweiß mit Zucker verquirlen, Haselnüsse und Zimt untermischen. Ofen auf 200°C vorheizen (Umluft 180°C, Gas Stufe 3). Den Teig auf bemehlter Arbeitsfläche messer-rückendick ausrollen und mit Hilfe eines Lineals in 4,5 x 4,5 cm große Quadrate schneiden. Mit einem Teelöffel haselnussgroße Portionen von der Nussmasse abstechen, dünne, ca. 5 cm lange Rollen daraus formen und diese diagonal auf die Teigquadrate legen. Die Teigränder mit der Eiermilch bestreichen, zwei Teigecken locker über der Nussmasse übereinander schlagen und etwas andrücken. Päckchen auf das vorbereitete Blech legen und mit Eiermilch bestreichen. Im Ofen (Mitte) 15–20 Minuten goldbraun backen.

TIPP: *Die Nusspäckchen schmecken am besten nach ca. zweiwöchigem Lagern in luftdichter Dose.*

Zergehen auf der Zunge – einfach himmlisch!

Butterspekulatius

Für den Teig:
250 g Mehl
1 TL Spekulatiusgewürz
75 g Zucker
125 g weiche Butter
1 Ei

Für die Mandelmasse:
100 g Butter
125 g Zucker
100 g Mandelblättchen
1 Eigelb + 1 TL Milch zum Bestreichen

Für ca. 80 Stück
1 Std. Zubereitung
10 Min. Backen

1 Aus Mehl, Spekulatiusgewürz, Zucker, Butter und Ei einen glatten Teig kneten. In Folie gewickelt über Nacht im Kühlschrank ruhen lassen.
2 Für die Mandelmasse die Butter in einem Topf schmelzen lassen. Zucker und Mandelblättchen untermischen. Ofen auf 200°C vorheizen (Umluft 180°C, Gas Stufe 3). Eigelb mit Milch verquirlen.
Teig auf bemehlter Arbeitsfläche ca. 3 mm dick ausrollen. Mit Hilfe eines Lineals 4,5 x 4,5 cm große Quadrate schneiden und diese aufs vorbereitete Blech legen. Mit der Eiermilch bestreichen und mit 2 Teelöffeln kleine Häufchen Mandelmasse darauf setzen. Im Ofen (Mitte) 8–10 Minuten goldbraun backen. Auf dem Blech abkühlen lassen.

Nussecken kennt jeder – sie schmecken statt mit Hasel- auch mit Walnüssen!

Walnussecken

Für den Teig:
250 g Mehl
4 EL Zucker
125 g weiche Butter
1 Ei

Für die Nussmasse:
125 g weiche Butter
150 g Puderzucker
2 Eier
½ TL Zimt
200 g gemahlene Walnüsse

Zum Verzieren:
150 g Zartbitterkuvertüre
½ TL Kokosfett

Für ca. 86 Stück
50 Min. Zubereitung
20–25 Min. Backen

1 Blech einfetten. Aus Mehl, Zucker, Butter und Ei einen glatten Teig kneten und auf dem Blech ausrollen. Mehrmals mit einer Gabel einstechen.

2 Ofen auf 200°C vorheizen (Umluft 180°C, Gas Stufe 3). Für den Belag Butter mit Puderzucker und Eiern cremig rühren. Zimt und Walnüsse untermischen und auf den Teig streichen. Im Ofen (Mitte) 20–25 Minuten goldbraun backen. Kurz abkühlen lassen, dann mit Hilfe eines Lineals in 4,5 x 4,5 cm große Quadrate schneiden. Vorsichtig mit einem Tortenheber vom Blech nehmen und auf ein Holzbrett setzen. Diagonal in Ecken schneiden und ganz abkühlen lassen.

3 Die Kuvertüre grob hacken und mit Kokosfett im Wasserbad schmelzen lassen, mit den Spitzen darin eintauchen und auf Butterbrotpapier trocknen lassen.

Aromatisches Karamell und feine Macadamia-Nüsse vereinigen sich zu diesem köstlichen Gebäck:

Macadamia-Karamelltaler

Für den Teig:

375 g geröstete und gesalzene Macadamias
(200 g für den Teig, den Rest für die Deko)
250 g Mehl
1 Pck Karamell-Puddingpulver
60 g Zucker
50 g Schokoraspeln
200 g weiche Butter
1 Ei

Für den Karamellguss:

50 g Sahne
50 g Butter
100 g brauner Zucker

Für ca. 80 Stück
50 Min. Zubereitung
10–13 Min. Backen

1 80 ganze Macadamias für die Deko aussortieren, kurz mit Wasser überbrausen und trocknen lassen. Die restlichen Macadamias (ungewaschen) grob hacken und mit Mehl, Karamellpudding, Zucker, Schokoraspeln, Butter und Ei zu einem glatten Teig verkneten. Teig in 5 Portionen teilen und jede auf bemehlter Arbeitsfläche zu einer 4 cm dicken Rolle formen. In Folie gewickelt über Nacht im Kühlschrank ruhen lassen.
2 Ofen auf 200°C vorheizen (Umluft 180°C, Gas Stufe 3). Teigrollen in 7 mm dicke Scheiben schneiden und auf das vorbereitete Blech legen. Im Ofen (Mitte) 12–15 Minuten hellbraun backen.
3 Die abgekühlten Taler nebeneinander auf Butterbrotpapier legen. Für den Karamellguss die Sahne, die Butter und den Zucker in einen kleinen Topf geben und zum Kochen bringen. Etwa 10 Minuten unter Rühren köcheln lassen, bis die Masse beginnt einzudicken. Herdplatte abstellen, den Topf aber darauf stehen lassen. Mit einem Teelöffel auf jeden Taler einen Klecks Karamell geben, eine Macadamia-Nuss daraufsetzen und trocknen lassen.

Sind blitzschnell fertig und bestimmt noch schneller weggenascht:

Haselnusstaler

Für den Teig:

250 g Mehl
200 g gemahlene Haselnüsse
75 g Zucker
1 Msp Zimt
200 g weiche Butter
1 Ei

Für den Guss:

150 g Puderzucker
1 Msp Zimt
4-5 EL Rum
ca. 65 ganze Haselnüsse zum Verzieren

Für ca. 65 Stück
45 Min. Zubereitung
12–15 Min. Backen

1 Aus den Zutaten einen glatten Teig kneten. In 4 Portionen teilen und jede auf bemehlter Arbeitsfläche zu einer ca. 3,5 cm dicken Rolle formen. In Folie gewickelt über Nacht im Kühlschrank ruhen lassen.
2 Ofen auf 200°C vorheizen (Umluft 180°C, Gas Stufe 3). Teigrollen in 7 mm dicke Scheiben schneiden, auf ein vorbereitetes Blech legen und im Ofen (Mitte) 12–15 Minuten hellbraun backen. Auf dem Blech abkühlen lassen.
3 Aus Puderzucker, Zimt und Rum einen glatten Guss rühren. Die Haselnusstaler damit bestreichen, je 1 Haselnuss darauf setzen und auf Butterbrotpapier trocknen lassen.

Die Italiener essen dieses doppelt gebackene, knusprige Gebäck das ganze Jahr über zum Kaffee oder Espresso. Das Originalrezept wird mit Mandeln gebacken – mit Erdnüssen schmeckt es aber auch ganz köstlich!

Erdnuss-Cantuccini

200 g geröstete und gesalzene Erdnüsse
250 g Mehl
1 TL Backpulver
250 g Zucker
40 g weiche Butter
2 Eier

Für ca. 60 Stück
30 Min. Zubereitung
25 Min. + 10 Min. Backen

1 Die Erdnüsse grob hacken und mit den restlichen Zutaten zu einem glatten Teig verkneten. In 5 Portionen teilen und auf leicht bemehlter Arbeitsfläche Rollen von 3 cm ø formen. Auf eine Platte legen und mit Folie zugedeckt über Nacht im Kühlschrank ruhen lassen.

2 Ofen auf 200°C vorheizen (Umluft 180°, Gas Stufe 3). Die Teigrollen in reichlich Abstand auf ein vorbereitetes Blech legen und im Ofen (Mitte) 20-25 Minuten backen. Aus dem Ofen nehmen und mit einem scharfen Messer (am besten geht es mit dem elektrischen Messer) quer in ca. 1,5 cm breite Streifen schneiden. Scheiben mit einer Schnittfläche wieder auf das Blech legen und nochmals 10 Minuten backen.

Mandeln wie im Original, aber schoko-vanillig

Schoko-Mandel-Cantuccini

200 g ganze ungeschälte Mandeln
250 g Mehl
1 TL Backpulver
200 g Zucker
6 Pck Vanillezucker
1 gehäufter EL Kakao
40 g weiche Butter
2 Eier

Für ca. 60 Stück
35 Min. Zubereitung
25 Min. + 10 Min. Backen

1 In einem kleinen Topf Wasser zum Kochen bringen. Die Mandeln zugeben, kurz aufkochen lassen und abgießen. Mandeln sofort häuten. Auf einem Geschirrtuch ausbreiten und gut trocken lassen. Dann grob hacken und mit den übrigen Zutaten zu einem glatten Teig verkneten. In 5 Portionen teilen und auf bemehlter Arbeitsfläche Rollen von 3 cm ø formen. Auf eine Platte legen und mit Folie zugedeckt über Nacht im Kühlschrank ruhen lassen.

2 Ofen auf 200°C vorheizen (Umluft 180°C, Gas Stufe 3). Die Teigrollen in reichlich Abstand auf ein vorbereitetes Blech legen und im Ofen (Mitte) 20–25 Minuten backen. Aus dem Ofen nehmen und mit einem scharfen Messer (am besten geht es mit dem elektrischen Messer) quer in ca. 1,5 cm breite Streifen schneiden. Scheiben mit einer Schnittfläche wieder auf das Blech legen und nochmals 10 Minuten backen.

Sie sind ganz besonders zart, aber auch etwas aufwendig in der Herstellung – lohnt sich aber!

Schokoladen-Mandelstangen

200 g Mehl, 2 gestrichene TL Backpulver
100 g Zucker
1 EL Kakao
100 g weiche Butter
1 Ei
1 Ei + 1 EL Milch zum Bestreichen
50 g Mandelblättchen
150 g Erdbeermarmelade
100 g Zartbitterkuvertüre, 1 TL Kokosfett

Für ca. 60 Stück
60 Min. Zubereitung
8 Min. Backen

1 Aus Mehl, Backpulver, Zucker, Kakao, Butter und Ei einen glatten Teig kneten. In Folie gewickelt über Nacht im Kühlschrank ruhen lassen.

2 Ofen auf 200°C vorheizen (Umluft 180°C, Gas Stufe 3). Ei mit Milch verquirlen. Teig auf bemehlter Arbeitsfläche messerrückendick ausrollen. Mit Hilfe eines Lineals schmale Streifen von 1,5 × 6 cm schneiden und auf das vorbereitete Blech legen. Die Streifen mit Eiermilch bestreichen und die Mandelblättchen darauf verteilen. Im Ofen (Mitte) 7–8 Minuten backen. Auf dem Blech abkühlen lassen.

3 Die Marmelade glatt streichen und jeweils 2 Plätzchen damit zusammenkleben.

4 Die Kuvertüre grob hacken und mit Kokosfett im Wasserbad schmelzen lassen. Die gefüllten Stangen mit beiden Enden darin eintauchen und auf Butterbrotpapier trocknen lassen.

Sie sehen schön aus und schmecken weihnachtlich-aromatisch:

Zimtschnecken

250 g Mehl
125 g Zucker
1 Pck Vanillezucker
125 g weiche Butter
1 Ei
300 g Marzipanrohmasse
2 Eier
½ TL Zimt
1 EL Zucker, 1 Msp Zimt

Für ca. 80 Stück
50 Min. Zubereitung
12 Min. Backen

1 Aus Mehl, Zucker, Vanillezucker, Butter und Ei einen glatten Teig kneten. In Folie gewickelt über Nacht im Kühlschrank ruhen lassen.

2 Für die Füllung das Marzipan klein schneiden und mit Eiern und Zimt in einer hohen Sahne-Rührschüssel mit den Knethaken des Handrührgerätes zu einer glatten Masse verarbeiten. Den Teig in 3 Teile teilen und jeden auf bemehlter Arbeitsfläche ca. 3 mm dick zu ca. 20 × 25 cm großen Rechtecken ausrollen. Mit der Marzipanmasse bestreichen und von der langen Seite her fest aufrollen. In Folie gepackt über Nacht kühl stellen.

3 Ofen auf 200°C vorheizen (Umluft 180°C, Gas Stufe 3). Teigrollen mit einem scharfen Messer in ca. 6 mm dicke Scheiben schneiden, evtl. etwas nachformen und auf das vorbereitete Blech legen. Zucker mit Zimt mischen und die Schnecken damit bestreuen. Im Ofen (Mitte) 10–12 Minuten goldbraun backen.

Lebkuchengewürz, Honig und jede Menge feine Zutaten – so schmeckt Weihnachten!

Honigkuchenwürfel

250 g flüssiger Honig
100 g Butter
125 g Zucker
500 g Mehl
½ Pck Backpulver
1 EL Kakao
½ Pck Lebkuchengewürz (7,5 g)
50 g gehackte Mandeln
25 g gehackte Pistazien
25 g Pinienkerne
25 g gewürfeltes Orangeat,
25 g gewürfeltes Zitronat
25 g gewürfelte kandierte Kirschen
2 Eier
200 g Puderzucker, 3-4 EL Orangensaft

Für ca. 50 Stück
45 Min. Zubereitung
20–25 Min. Backen

1 Honig, Butter und Zucker in einen Topf geben und unter Rühren erhitzen, bis der Zucker gelöst ist. Etwas abkühlen lassen.

2 Ofen auf 200°C vorheizen (Umluft 180°C, Gas Stufe 3). Mehl, Backpulver, Kakao, Lebkuchengewürz, Mandeln, Pistazien, Pinienkerne, Orangeat, Zitronat und Kirschen in eine große Schüssel geben. Honigmasse und Eier dazugeben und mit den Knethaken des Handrührgeräts einen glatten Teig kneten. Teig ca. 2,5 cm dick auf ein mit Backpapier ausgelegtes Blech streichen. Im Ofen (Mitte) 20–25 Minuten backen.

3 Puderzucker und Orangensaft zu einem glatten Guss rühren, auf den heißen Kuchen streichen. Etwas trocknen lassen, in 3 x 3 cm große Würfel schneiden und ganz trocknen lassen.

Die weltberühmte Linzer Torte kann man auch in kleinen Quadraten als Teegebäck servieren.

Linzer Schnitten

300 g Mehl
100 g Zucker
125 g gemahlene Nüsse
1 gestrichener TL Kakao
1 Pck Vanillezucker
1 TL Zimt
1 Msp Nelkenpulver
225 g weiche Butter
1 Ei
300 g Himbeermarmelade
1 Ei + 2 EL Milch zum Bestreichen

Für ca. 65 Stück
50 Min. Zubereitung
20 Min. Backen

1 Aus Mehl, Zucker, Nüssen, Kakao, Vanillezucker, Zimt, Nelken, Butter und Ei einen glatten Teig kneten. In Folie gewickelt über Nacht im Kühlschrank ruhen lassen.

2 Ofen auf 200°C vorheizen (Umluft 180°C, Gas Stufe 3). 2/3 des Teiges auf bemehlter Arbeitsfläche ca. 4 mm dick ausrollen. Rechtecke ausschneiden und diese auf einem mit Backpapier belegten Backblech als eine Platte von 30 × 25 cm legen. An den Rändern zusammendrücken. Die Marmelade glatt rühren und auf die Teigplatte streichen. Restlichen Teig ebenfalls 4 mm dick ausrollen und mit einem Teigrädchen 2 cm breite Streifen schneiden. Diese diagonal in ca. 3 cm Abstand als Gitter auf die Marmelade legen. Das Ei mit der Milch verquirlen und die Teigstreifen damit bepinseln. Im Ofen (Mitte) 15–20 Minuten backen, bis die Teigstreifen goldbraun sind. Abkühlen lassen.

3 Mit Hilfe eines Lineals 4 × 4 cm große Quadrate schneiden.

TIPP: *Sie können aus dem Teig natürlich auch Plätzchen machen: Teig wie oben beschrieben ausrollen, runde Plätzchen ausstechen. In die Hälfte davon ein Loch stechen. Auf das vorbereitete Blech legen, die Ringe mit Eiermilch bestreichen und im Ofen (Umluft 180°C, Gas Stufe 3) ca. 8 Minuten backen. Abkühlen lassen. Dann je ein Plätzchen und einen Ring mit glattgestrichener Marmelade zusammensetzen.*

Das Rezept für die Heidelbeerecken finden Sie auf S. 57

Sie sehen nicht nur lecker aus, sie schmecken auch fantastisch:

Heidelbeerecken

300 g Mehl
100 g Zucker
1 Pck Vanillezucker
1 Msp Backpulver
125 g gemahlene Haselnüsse
200 g weiche Butter
2 Eier
250 g Heidelbeermarmelade
1 Ei zum Bestreichen

Für ca. 65 Stück
50 Min. Zubereitung
20 Min. Backen

1 Aus Mehl, Zucker, Vanillezucker, Backpulver, Nüssen, Butter und Eiern einen glatten Teig kneten. In Folie gewickelt über Nacht im Kühlschrank ruhen lassen.

2 Ofen auf 200°C vorheizen (Umluft 180°C, Gas Stufe 3). 2/3 des Teiges auf bemehlter Arbeitsfläche ca. 4 mm dick ausrollen. Rechtecke schneiden und diese auf einem mit Backpapier belegten Backblech als eine Platte von 30 × 25 cm legen. An den Rändern zusammendrücken. Die Marmelade glatt rühren und auf die Teigplatte streichen. Restlichen Teig ebenfalls 4 mm dick ausrollen und mit einem Teigrädchen 2 cm breite Streifen schneiden. Diese diagonal in ca. 3 cm Abstand als Gitter auf die Marmelade legen. Das Ei verquirlen und die Teigstreifen damit bepinseln. Im Ofen (Mitte) ca. 15–20 Minuten backen, bis die Teigstreifen goldbraun sind. Abkühlen lassen.

3 Mit Hilfe eines Lineals in 4 × 4 cm große Quadrate schneiden.

gespritzte PLÄTZCHEN

Da bleibt das Nudelholz im Schrank –
nur mit einem Spritzbeutel werden
diese kleinen Köstlichkeiten aufs
Backblech gezaubert.

Kokosmakronen kennt jeder – diese Abwandlung des Klassikers schmeckt frisch und das nicht nur zur Sommerszeit ...

Kokos-Limetten-Makronen

1 Bio-Limette
3 Eiweiß
150 g Zucker
150 g Kokosraspel
abgeriebene Schale von einer Bio-Limette
ca. 40 Oblaten ø 5 cm

Für ca. 40 Stück
40 Min. Zubereitung
25 Min. Backen

1 Ofen auf 160°C vorheizen (Umluft 140°C, Gas Stufe 2). Limette heiß waschen, abtrocknen und Schale abreiben. Limette zur Hälfte einschneiden und 1 Teelöffel Saft in eine große Rührschüssel geben. Die Eiweiß zugeben und daraus eine sehr steife Masse schlagen. Dann den Zucker unter Weiterschlagen einrieseln lassen und so lange rühren, bis die Masse sehr steif und glänzend ist.

2 Kokosraspel und Limettenschale unter den Eischnee heben und in einen Spritzbeutel mit großer Sterntülle (ø 14 mm) füllen. Die Oblaten auf dem vorbereiteten Blech auslegen und große Tuffs darauf spritzen. Im Ofen (Mitte) 20–25 Minuten backen.

Sie sind ganz schnell fertig und schmecken zum Dahinschmelzen:

Schoko-Mandel-Makronen

3 Eiweiß
1 TL Zitronensaft
150 g Zucker
1 Pck Vanillezucker
100 g gemahlene Mandeln
50 g gehackte Mandeln
50 g Schokoraspeln
2 EL Kakao
ca. 35 Oblaten ø 5 cm
2 EL Schokoraspeln

Für ca. 35 Stück
30 Min. Zubereitung
25 Min. Backen

1 Ofen auf 160°C vorheizen (Umluft 140°C, Gas Stufe 2). Die Eiweiß sehr steif schlagen. Den Zitronensaft unterrühren. Den Zucker und den Vanillezucker löffelweise einrieseln lassen und so lange weiterrühren, bis die Masse sehr steif und glänzend ist.

2 Die Mandeln mit den Schokoraspeln und dem Kakao vermischen, auf den Eischnee geben und unterheben. Die Makronenmasse in einen Spritzbeutel mit großer Lochtülle (ø 11 mm) füllen. Die Oblaten auf dem vorbereiteten Blech auslegen und walnussgroße Tuffs daraufspritzen. Schokoraspeln darauf verteilen und im Ofen (Mitte) 20–25 Minuten backen.

Abrakadabra – aus aromatischen Keksen werden aromatische Makronen.

Spekulatius-Makronen

150 g Spekulatius-Kekse
25 Backoblaten ø 5 cm
3 Eiweiß
1 TL Zitronensaft
50 g Zucker
½ TL Spekulatiusgewürz

Für ca. 25 Stück
30 Min. Zubereitung
30 Min. Backen

1 Ofen auf 160°C vorheizen (Umluft 140°C, Gas Stufe 2). Die Kekse sehr fein zerbröseln. Die Oblaten auf dem vorbereiteten Blech auslegen.

2 Die Eiweiß mit Zitronensaft sehr steif schlagen und dann den Zucker unter Weiterschlagen einrieseln lassen. So lange weiterrühren, bis die Masse sehr steif und glänzend ist. Die Keksbrösel mit dem Spekulatiusgewürz unterheben. Die Makronenmasse in einen Spritzbeutel mit großer Lochtülle (ø 11 mm) füllen und große Tuffs auf die Oblaten spritzen. Im Ofen (Mitte) 25–35 Minuten backen, bis die Spitzen braun werden. Ganz abkühlen lassen und in einer luftdichten Dose aufbewahren.

Wer es schön knusprig und scharf-aromatisch mag, ist hier genau richtig:

Ingwer-Makronentaler

ca. 5 Stücke kandierter Ingwer für die Deko
50 g kandierter Ingwer in Stücken
3 Eiweiß
1 EL Zitronensaft
150 g Zucker
150 g gemahlene Mandeln
½ TL Ingwerpulver

Für ca. 40 Stück
35 Min. Zubereitung
25 Min. Backen

1 Den Ingwer für die Deko in dünne Streifen schneiden. Den restlichen Ingwer sehr klein würfeln. Den Ofen auf 160°C vorheizen (Umluft 140°C, Gas Stufe 2).

2 Die Eiweiß mit dem Zitronensaft sehr steif schlagen. Den Zucker unter weiterem Schlagen einrieseln lassen. So lange weiterrühren, bis die Masse sehr steif und glänzend ist. Die Mandeln mit Ingwerpulver und Ingwerwürfeln unterheben. Die Makronenmasse in einen Spritzbeutel mit großer Lochtülle (13 mm ø) füllen und mit weitem Abstand (die Masse zerläuft stark!) Tuffs mit ca. 3–3,5 cm ø auf das vorbereitete Blech spritzen. Auf jeden Tuff einen Ingwerstreifen setzen und im Ofen (Mitte) 20–25 Minuten hellbraun backen. Auf dem Blech abkühlen lassen.

TIPP: *Schmecken frisch am besten!*

Sie sind schnell fertig, ein Hingucker auf jedem Gebäckteller und schmecken auch noch superlecker!

Schoko-Kokos-Rosetten

150 g weiche Butter
100 g Zucker
1 Pck Vanillezucker
2 Eier
250 g Mehl
100 g Schokoraspeln
50 g Kokosraspeln
ca. 15 kandierte Kirschen

Für ca. 60 Stück
35 Min. Zubereitung
13 Min. Backen

1 Ofen auf 200°C vorheizen (Umluft 180°C, Gas Stufe 2). Butter mit Zucker und Vanillezucker cremig schlagen, Eier unterrühren. Quirle des Handrührgerätes gegen Knethaken austauschen. Mehl mit Schoko- und Kokosraspeln zugeben und einen glatten Teig kneten. Den Teig in einen Spritzbeutel mit großer Sterntülle (ø 14 mm) füllen und kleine Tuffs (etwas größer als eine Haselnuss) auf das vorbereitete Blech spritzen. Kandierte Kirschen vierteln und je ein Viertel auf einen Tuff setzen. Im Ofen (Mitte) 10–13 Minuten backen, bis die Unterseite leicht braun wird.

TIPP: *Falls der Teig zu fest zum Spritzen sein sollte: In den Spritzbeutel füllen und kurz in den vorgeheizten Backofen legen. Dadurch wird die Butter weicher und der Teig lässt sich besser durch die Tülle drücken.*

Echt verführerisch: zarter Schokoladenteig, gefüllt mit säuerlichem Johannisbeergelee und umhüllt von Zartbitterkuvertüre.

Schokostangen

225 g weiche Butter
100 g Puderzucker
1 Pck Vanillezucker
1 Ei
200 g Mehl, 1 gestrichener TL Backpulver
1 Msp Zimt
40 g Kakao
125 g gemahlene Haselnüsse
150 g schwarzes Johannisbeergelee oder schwarze Johannisbeermarmelade
200 g Zartbitterkuvertüre
1 TL Kokosfett

Für ca. 60 Stück
55 Min. Zubereitung
8 Min. Backen

1 Ofen auf 200°C vorheizen (Umluft 180°C, Gas Stufe 3). Die Butter in einer Rührschüssel schaumig schlagen. Puderzucker, Vanillezucker und Ei unterrühren. Quirle gegen Knethaken austauschen. Mehl mit Backpulver, Zimt, Kakao und Nüssen zugeben und einen glatten Teig kneten. In einen Spritzbeutel mit großer Sterntülle (ø 14 mm) füllen und ca. 6 cm lange Stangen auf das vorbereitete Blech spritzen. Im Ofen (Mitte) ca. 8 Minuten backen.

2 Johannisbeergelee glatt rühren (Johannisbeermarmelade pürieren) und je zwei Schokostangen damit zusammenkleben. Die Kuvertüre grob hacken, mit Kokosfett im Wasserbad schmelzen lassen und die Stangen mit beiden Seiten hineintauchen. Auf Butterbrotpapier trocknen lassen.

Zarter Nussteig, feine Hagebuttenmarmelade und Vollmilchkuvertüre – hmmmm, lecker!

Hagebuttenstangen

250 g weiche Butter
100 g Zucker
2 Pck Vanillezucker
2 Eier
250 g Mehl
½ TL Backpulver
200 g gemahlene Mandeln
175 g Hagebuttenmarmelade
150 g Vollmilchkuvertüre
½ TL Kokosfett

Für ca. 70 Stück
55 Min. Zubereitung
10 Min. Backen

1 Butter mit Zucker und Vanillezucker cremig rühren. Eier dazugeben und verühren. Quirle des Handrührgerätes gegen Knethaken austauschen. Mehl mit Backpulver und Mandeln zugeben und einen glatten Teig kneten. Im Kühlschrank 1–2 Std. ruhen lassen.

2 Ofen auf 200°C vorheizen (Umluft 180°C, Gas Stufe 3). Teig in Spritzbeutel mit großer Sterntülle (ø 14 mm) füllen und 5 cm lange Stangen auf das vorbereitete Blech spritzen. Im Ofen (Mitte) 8–10 Minuten hellbraun backen.

3 Je 2 abgekühlte Stangen mit Hagebuttenmarmelade zusammensetzen. Die Kuvertüre grob hacken, mit Kokosfett im Wasserbad schmelzen lassen und die gefüllten Stangen mit einer Spitze eintauchen. Auf Butterbrotpapier trocknen lassen.

Kein alltägliches Gebäck – schmeckt aber alle Tage, auch außerhalb der Weihnachtszeit.

Mohn-Marzipan-Kringel

250 g Mehl
1 TL Backpulver
25 g gemahlener Mohn
100 g Marzipanrohmasse
125 g weiche Butter
2 Eier
100 g Zucker
200 g Puderzucker
1 Msp Zimt
2 EL Milch
2–3 EL Rum

Für ca. 65 Stück
60 Min. Zubereitung
9 Min. Backen

1 Ofen auf 200°C vorheizen (Umluft 180°C, Gas Stufe 3). Mehl, Backpulver und Mohn in eine große Rührschüssel geben. Das Marzipan und die Butter klein schneiden und mit Eiern und Zucker in eine schmale Sahne-Rührschüssel geben. Mit den Knethaken des Handrührgerätes zu einer glatten Masse verarbeiten. Diese zum Mehl geben und alles mit den Knethaken zu einem glatten Teig verkneten. In einen Spritzbeutel mit großer Sterntülle (ø 14 mm) füllen. Ca. 9 cm lange Teigstücke spritzen, diese zu Kringeln formen und auf das vorbereitete Blech legen. Im Ofen (Mitte) 8–9 Minuten backen.

2 Aus Puderzucker, Zimt, Milch und Rum einen glatten Guss herstellen und die abgekühlten Kringel zur Hälfte hineintauchen. Auf Butterbrotpapier trocknen lassen.

Schmecken das ganze Jahr. Vorsicht: Sie können süchtig machen!

Nugatstangen

250 g weiche Butter
100 g Puderzucker
2 Eier
250 g Mehl
½ TL Backpulver
200 g gemahlene Haselnüsse
½ TL Zimt
200 g Nussnugatcreme
200 g Zartbitterkuvertüre
1 TL Kokosfett

Für ca. 70 Stück
55 Min. Zubereitung
10 Min. Backen

1 Ofen auf 200°C vorheizen (Umluft 180°C, Gas Stufe 3). Butter, Puderzucker und Eier in einer Rührschüssel cremig schlagen. Quirle gegen Knethaken austauschen. Mehl, Backpulver, Nüsse und Zimt zugeben und alles zu einem glatten Teig verkneten. Teig in einen Spritzbeutel mit großer Sterntülle (ø 14 mm) füllen und ca. 6 cm lange Stangen auf das vorbereitete Blech spritzen. Im Ofen (Mitte) 8–10 Minuten hellbraun backen.

2 Je 2 Stangen mit Nugatcreme zusammenkleben. Die Kuvertüre grob hacken und mit Kokosfett im Wasserbad schmelzen lassen. Die gefüllten Stangen zur Hälfte eintauchen und auf Butterbrotpapier trocknen lassen.

Das Rezept für die Kaffee-Creme-Stangen steht auf S. 72.

Luxusgebäck für jede Kaffeetafel! Da vergisst man schnell, dass diese Kekse etwas aufwendiger in der Herstellung sind.

Kaffee-Creme-Stangen

Für den Teig:
225 g weiche Butter
100 g Puderzucker
2 Eier
250 g Mehl
1 gestrichener TL Backpulver
40 g Instant-Cappuccinopulver
200 g gemahlene Mandeln

Für die Creme:
150 ml Kaffee
100 ml Milch
½ Pck Schokopuddingpulver
125 g weiche Butter
50 g Puderzucker

Für den Guss:
150 g Zartbitterkuvertüre
½ TL Kokosfett

Für ca. 60 Stück
1 Std. 30 Min. Zubereitung
10–12 Min. Backen

1 Butter mit Puderzucker cremig schlagen. Eier unterrühren. Quirle des Handrührgerätes gegen Knethaken austauschen. Mehl mit Backpulver, Cappuccinopulver und Mandeln unterkneten. Ofen auf 200°C vorheizen (Umluft 180°C, Gas Stufe 3). Teig in Spritzbeutel mit großer Sterntülle (ø 14 mm) füllen und Stangen von ca. 6 cm Länge auf das vorbereitete Blech spritzen. Im Ofen (Mitte) 10–12 Minuten backen.

2 Aus Kaffee, Milch und Puddingpulver einen Pudding kochen und unter mehrmaligem Rühren abkühlen lassen. Butter cremig rühren und portionsweise gesiebten Puderzucker hinzufügen, dann den Pudding löffelweise unterrühren. Je 2 Plätzchen mit der Creme zusammensetzen.

3 Die Kuvertüre grob hacken, mit Kokosfett im Wasserbad schmelzen lassen und die Stangen mit einer Seite hineintauchen. Auf Butterbrotpapier trocknen lassen. Im Kühlschrank aufbewahren.

gelöffelte
PLÄTZCHEN

*Sie sind die Turbo-Modelle unter den Plätz-
chen, wenn es mal schnell gehen soll: Teig
rühren und mit einem Löffel aufs Blech oder
auf Oblaten setzen:
backen – fertig!*

*Lebkuchen sind der Inbegriff von Weihnachten –
und ganz besonders dieser feine Klassiker:*

Nürnberger Lebkuchen

*4 Eier
250 g Zucker
250 g Mehl
½ Pck Backpulver
200 g gemahlene Haselnüsse
75 g gehackte Mandeln
75 g gewürfeltes Orangeat
75 g gewürfeltes Zitronat
1 TL Zimt
1 Msp Nelkenpulver
1 Msp Kardamom
1 Msp Muskat
ca. 50 Oblaten ø 5 cm
200 g Puderzucker
5–6 EL Zitronensaft*

*Für ca. 50 Stück
50 Min. Zubereitung
24 Std. Ruhezeit
20 Min. Backen*

1 Eier mit Zucker dick-cremig schlagen. Die Quirle des Handrührgerätes gegen Knethaken austauschen. Mehl mit Backpulver, Nüssen, Mandeln, Orangeat, Zitronat und den Gewürzen zugeben und eine glatte Masse kneten.
Die Oblaten auf einem vorbereiteten Blech auslegen und mit 2 Teelöffeln walnussgroße Häufchen darauf setzen. Einen Zeigefinger immer wieder mit Wasser befeuchten und die Lebkuchen in Form streichen. Über Nacht trocknen lassen.

2 Ofen auf 160°C (Umluft 140°C, Gas Stufe 2) vorheizen und die Lebkuchen im Ofen (Mitte) 20 Minuten backen. Abkühlen lassen.

3 Aus Puderzucker und Zitronensaft einen glatten Guss rühren und die Lebkuchen damit bestreichen. Auf Butterbrotpapier trocknen lassen.

Mürb und knackig – das hier sind verlockend leckere Ganzjahreskekse:

Macadamia-Cranberry-Cookies

125 g getrocknete Cranberrys
125 g geröstete und gesalzene Macadamia-Nüsse
250 g weiche Butter
200 g Zucker
1 Pck Vanillezucker
2 Eier
350 g Mehl, 1 TL Backpulver
50 g weiße Schokoladenraspeln
1 EL Kakao
150 g weiße Kuvertüre
½ TL Kokosfett

Für ca. 90 Stück
45 Min. Zubereitung
15 Min. Backen

1 Die Cranberrys klein hacken. 2 EL davon für die Deko beiseitestellen. Die Macadamias in einen Gefrierbeutel geben und mit dem Fleischklopfer grob zerkleinern. Ofen auf 200°C vorheizen (Umluft 180°C, Gas Stufe 3).

2 Erst die Butter mit Zucker und Vanillezucker cremig rühren, dann die Eier hinzufügen. Quirle des Handrührgerätes gegen Knethaken austauschen und das Mehl mit Backpulver, Schokoraspeln, Kakao, Cranberrys und Macadamias unterkneten. Mit 2 Teelöffeln kleine Häufchen mit größerem Abstand auf das vorbereitete Blech setzen. Im Ofen (Mitte) 12–15 Minuten backen, bis die Kekse am Boden braun werden. Auf dem Blech abkühlen lassen.

3 Die Kuvertüre grob hacken und mit Kokosfett im Wasserbad schmelzen. Cookies auf Butterbrotpapier eng nebeneinander setzen. Mit einem Löffel zerlassene Kuvertüre darüber klecksen. Restliche gehackte Cranberrys daraufstreuen und trocknen lassen.

Gehen ganz schnell und knuspern so schön – die Verführung in Keksform:

Erdnuss-Schoko-Cookies

250 g weiche Butter
200 g Zucker
2 Eier
350 g Mehl, 1 TL Backpulver
2 EL Kakao
200 g geröstete und gesalzene Erdnüsse
100 g Schokoraspeln
150 g Zartbitterkuvertüre
1 TL Kokosfett

Für ca. 85 Stück
45 Min. Zubereitung
12–14 Min. Backen

1 Den Ofen auf 200°C (Umluft 180°C, Gast Stufe 3) vorheizen. Die Butter mit Zucker cremig schlagen, Eier unterrühren. Die Quirle des Handrührgerätes gegen Knethaken tauschen. Mehl mit Backpulver, Kakao, Erdnüssen und Schokoraspeln zugeben und gut verkneten. Mit 2 Teelöffeln kleine Häufchen auf ein vorbereitetes Blech setzen und im Ofen (Mitte) 12–14 Minuten backen. Auf dem Blech abkühlen lassen.

2 Kuvertüre grob hacken und mit dem Kokosfett im Wasserbad schmelzen. Cookies auf Butterbrotpapier dicht nebeneinander setzen. Mit einem Löffel die Kuvertüre in Streifen darauf verteilen und trocknen lassen.

Der pure Geschmack von Sommer. Oder der Karibik. Oder von Urlaub. Oder von allen dreien zusammen?!

Kokos-Ananas-Cookies

100 g getrocknete Ananas (sollte noch weich sein)
250 g weiche Butter
200 g Zucker
1 Pck Vanillezucker
2 Eier
350 g Mehl
1 TL Backpulver
100 g Kokosraspeln
100 g gehackte Mandeln
Puderzucker zum Bestäuben

Für ca. 80 Stück
45 Min. Zubereitung
15 Min. Backen

1 Ananas klein würfeln. Ofen auf 200°C (Umluft 180°C, Gas Stufe 3) vorheizen. Butter mit Zucker und Vanillezucker cremig schlagen. Die Eier unterrühren. Die Quirle des Handrührgerätes gegen Knethaken austauschen. Mehl mit Backpulver, Kokosraspeln, Mandeln und Ananaswürfeln dazugeben und gut verkneten. Mit 2 Teelöffeln kleine Häufchen auf vorbereitetes Blech setzen und im Ofen (Mitte) 12–15 Minuten goldbraun backen. Auf dem Blech abkühlen lassen.

2 Die abgekühlten Cookies mit Puderzucker bestäuben.

Variante: Verwenden Sie statt der Ananas doch mal getrocknete Mango.

Knusperlecker mit herber Note.

Cappuccino-Cookies

150 g Cashewkerne (geröstet und gesalzen)
250 g weiche Butter
200 g Zucker
2 Eier
350 g Mehl
1 TL Backpulver
3 EL Instant-Cappuccinopulver
100 g Schokoraspeln
150 g Zartbitterkuvertüre
½ TL Kokosfett
ca. 75 Schoko-Kaffeebohnen

Für ca. 75 Stück
45 Min. Zubereitung
15 Min. Backen

1 Ofen auf 200°C vorheizen (Umluft 180°C, Gas Stufe 3). Cashewkerne in einen Gefrierbeutel geben und mit dem Fleischklopfer grob zerkleinern. Butter mit Zucker cremig schlagen. Eier unterrühren. Quirle des Handrührgerätes gegen Knethaken austauschen und das Mehl mit Backpulver, Cappuccinopulver, Schokoraspeln und Cashew-Kernen unterkneten. Mit 2 Teelöffeln in größerem Abstand kleine Häufchen auf vorbereitetes Blech setzen und im Ofen (Mitte) 12–15 Minuten backen. Auf dem Blech abkühlen lassen.

2 Die Kuvertüre grob hacken und mit Kokosfett im Wasserbad schmelzen. Mit einem Löffel kleine Kleckse auf die Kekse geben, eine Schoko-Kaffeebohne darauf setzen und auf Butterbrotpapier trocknen lassen.

Orientalische Cookies

100 g kandierte Datteln
250 g weiche Butter
100 g Zucker
1 Pck Vanillezucker
2 Eier
350 g Mehl
1 TL Backpulver
100 g gehackte Mandeln
50 g gehackte Pistazien
½ TL Kardamom
½ TL Koriander
½ TL Zimt
100 g Puderzucker
2–3 EL Zitronensaft
ca. 70 ganze Pistazien

Für ca. 70 Stück
45 Min. Zubereitung
15 Min. Backen

1 Ofen auf 200°C vorheizen (Umluft 180°C, Gas Stufe 3). Die Datteln grob hacken. Butter mit Zucker und Vanillezucker cremig rühren. Die Eier hinzufügen. Die Quirle des Handrührgerätes gegen Knethaken austauschen. Mehl mit Backpulver, Mandeln, Pistazien, Datteln und Gewürzen zugeben und gut verkneten. Mit zwei Teelöffeln kleine Häufchen auf das vorbereitete Blech setzen und im Ofen (Mitte) 12–15 Minuten backen. Auf dem Blech abkühlen lassen.

2 Aus Puderzucker und Zitronensaft einen dicken Guss herstellen und mit einem Löffel über die Cookies sprenkeln. Je eine Pistazie darauf setzen und auf Butterbrotpapier trocknen lassen.

Lebkuchen-Cookies

100 g getrocknete Aprikosen
100 g Walnüsse
100 g ganze Haselnüsse
250 g weiche Butter
200 g brauner Zucker
2 Eier
350 g Mehl, 1 TL Backpulver
2 TL Lebkuchengewürz
50 g Zartbitterkuvertüre
1 Msp Kokosfett
ca. 65 halbe Walnüsse
100 g Puderzucker, 2–3 EL Zitronensaft

Für ca. 65 Stück
50 Min. Zubereitung
15 Min. Backen

1 Die Aprikosen grob würfeln. Walnüsse und Haselnüsse grob hacken. Ofen auf 200°C vorheizen (Umluft 180°C, Gas Stufe 3). Butter mit Zucker cremig schlagen. Eier unterrühren. Mehl mit Backpulver, Lebkuchengewürz, Aprikosen und Nüssen zugeben und mit den Knethaken des Handrührgeräts gut verkneten. Mit 2 Teelöffeln kleine Häufchen auf das vorbereitete Blech setzen und im Ofen (Mitte) ca. 12–15 Minuten backen. Auf dem Blech abkühlen lassen.

2 Die Kuvertüre grob hacken und mit Kokosfett im Wasserbad schmelzen. Walnusshälften halb in Kuvertüre tauchen und auf Butterbrotpapier trocknen lassen.

3 Aus Puderzucker und Zitronensaft einen glatten Guss herstellen. Auf jeden Keks einen Klecks Guss geben und eine halbe Walnuss darauf setzen. Auf Butterbrotpapier trocknen.

Früher gab es sie in jeder Bäckerei – heute sind sie allerdings ein bisschen aus der Mode gekommen. Doch diese zarten Amerikaner in Kleinformat könnten die Kaffeetafeln zurückerobern. Und in unserer Variante mit Lebkuchengewürz im Teig erobern sie sogar die weihnachtlichen Kaffeetafeln …

Mini-Amerikaner

1 Pck Vanillepuddingpulver
5 EL Milch
100 g weiche Butter
100 g Zucker
2 Eier
250 g Mehl
1 gehäufter TL Backpulver
½ TL Lebkuchengewürz
150 ml Milch zum Bestreichen
100 g Zartbitter- oder Vollmilchkuvertüre
1 TL Kokosfett
100 g Puderzucker
3-4 EL frisch gepresster Orangensaft

Für ca. 45 Stück
45 Min. Zubereitung
8 Min. + 7–10 Min. Backen

1 Ofen auf 200°C vorheizen (Umluft 180°C, Gas Stufe 3). Das Puddingpulver mit der Milch in einer Tasse glatt rühren. Die Butter mit dem Zucker cremig rühren, dann erst die Eier und danach das angerührte Puddingpulver zufügen. Das Mehl mit dem Backpulver und dem Lebkuchengewürz unterrühren. Mit 2 Teelöffeln kleine Häufchen auf das vorbereitete Backblech setzen und im Ofen (Mitte) 8 Minuten backen. Aus dem Ofen nehmen und zweimal mit Milch bepinseln. Wieder in den Ofen schieben und weitere 7–10 Minuten backen, bis die Unterseiten hellbraun werden.

2 Die Kuvertüre grob hacken und mit dem Kokosfett im Wasserbad schmelzen lassen. Für den Zuckerguss den Puderzucker mit Orangensaft glatt rühren. Einen Teil der Amerikaner auf der Unterseite mit Kuvertüre, die restlichen mit Orangenguss bestreichen und auf Butterbrotpapier trocknen lassen.

TIPP: *Ohne Lebkuchengewürz sind die Mini-Amerikaner Ganzjahresplätzchen!*

Sie sind die schokoladige Versuchung in Lebkuchenform:

Kleine Schokoladen-lebkuchen

150 g getrocknete Aprikosen
4 Eier
250 g brauner Zucker
275 g Mehl
½ Pck Backpulver
25 g Kakao
200 g gemahlene Haselnüsse
50 g gehackte Mandeln
25 g Schokoraspeln
1 TL Zimt
1 Msp Kardamom
1 Msp Muskat
ca. 55 Oblaten ø 5 cm
200 g Zartbitterkuvertüre
1 TL Kokosfett

Für ca. 55 Stück
60 Min. Zubereitung
24 Std. Ruhezeit
20 Min. Backen

1 Die Aprikosen klein würfeln. 2 EL für die Deko beiseitestellen. Die Eier mit dem Zucker dick-cremig schlagen. Mehl mit Backpulver, Kakao, Nüssen, Mandeln, Schokoraspeln, Aprikosenwürfeln und Gewürzen zugeben. Die Quirle des Handrührgerätes gegen Knethaken austauschen und eine glatte Masse kneten. Die Oblaten auf einem vorbereiteten Blech auslegen. Mit 2 Teelöffeln walnussgroße Teighäufchen daraufsetzen. Den Zeigefinger immer wieder mit Wasser befeuchten und die Lebkuchen damit in Form streichen. Über Nacht trocknen lassen.

2 Ofen auf 160°C (Umluft 140°C, Gas Stufe 2) vorheizen und die Lebkuchen im Ofen (Mitte) ca. 20 Minuten backen. Abkühlen lassen.

3 Die Kuvertüre grob hacken und mit Kokosfett im Wasserbad schmelzen und die Lebkuchen damit bestreichen. Auf Butterbrotpapier setzen, einige Aprikosenwürfel daraufsetzen und trocknen lassen.

Variante: Die Lebkuchen mit einem Guss aus 200 g Puderzucker und 4–5 EL Rum bestreichen. Auf Butterbrotpapier setzen, einige Aprikosenwürfel darauf verteilen und trocknen lassen.

TIPP: *Verzieren Sie einen Teil der Lebkuchen mit Schokoguss, den anderen mit Rumguss – dann haben Sie mit einmal Backen gleich zwei verschiedene Lebkuchensorten.*

Das Rezept für die Orangen-Walnuss-Lebkuchen in Streifen steht auf S. 86.

Lebkuchen müssen nicht immer rund sein – diese sind in Streifen geschnitten und unglaublich lecker.

Orangen-Walnuss-lebkuchen in Streifen

4 Eier
250 g Zucker
300 g Mehl
½ Pck Backpulver
abgeriebene Schale von 1 Bio-Orange
200 g fein gehackte Walnüsse
50 g gehackte Pistazien
150 g gewürfeltes Orangeat
1 TL Zimt
1 Msp Nelkenpulver
1 Msp Kardamom
1 Msp Muskat
5 rechteckige Oblaten 120 x 200 mm
200 g Puderzucker
6–7 EL frisch gepresster Orangensaft

Für ca. 70 Stück
50 Min. Zubereitung
24 Std. Ruhezeit
20 Min. Backen

1 Die Eier mit dem Zucker dick-cremig schlagen. Mehl mit Backpulver, Orangenschale, Walnüssen, Pistazien, Orangeat und den Gewürzen zugeben. Die Quirle gegen Knethaken austauschen und eine glatte Teigmasse kneten. Die Oblaten auf das vorbereitete Blech legen und die Lebkuchenmasse darauf verteilen. Zeigefinger immer wieder mit Wasser befeuchten und die Lebkuchen damit in Form streichen. Über Nacht trocknen lassen.

2 Ofen auf 160°C vorheizen (Umluft 140°C, Gas Stufe 2). Lebkuchen im Ofen (Mitte) ca. 20 Minuten backen. Noch warm mit einem scharfen Messer quer in 2,5 cm breite Streifen schneiden und diese quer halbieren.

3 Aus Puderzucker und Orangensaft einen glatten Guss herstellen und die noch warmen Lebkuchenstreifen damit bestreichen. Auf Butterbrotpapier setzen und trocknen lassen.

PLÄTZCHEN
gerollt, gedreht, geformt

Alles Handarbeit: Erst wird der Teig
per Hand geknetet, dann werden
kleine Stücke davon mit den Fingern
in Form gebracht.

Ein Klassiker, der zur Weihnachtszeit auf jeden Gebäckteller gehört – man kann sie natürlich das ganze Jahr über vernaschen, denn da sind sie ein feiner Begleiter zu Kaffee und Espresso.

Vanillekipferl

250 g Mehl
1 Msp Backpulver
125 g Zucker
2 Pck Vanillezucker
150 g gemahlene Haselnüsse
2 Eier
200 g weiche Butter
100 g Zucker, 4 Pck. Vanillezucker zum Wälzen

Für ca. 70 Stück
50 Min. Zubereitung
15 Min. Backen

1 Aus Mehl, Backpulver, Zucker, Vanillezucker, Haselnüssen, Eiern und Butter einen glatten Teig kneten. In Folie gewickelt über Nacht im Kühlschrank ruhen lassen.

2 Ofen auf 200°C vorheizen (Umluft 180°C, Gas Stufe 3). Teig in mehrere Portionen teilen und jede zu ca. 2 cm dicken Rollen formen. Rollen in ca. 1,5 cm lange Stücke scheiden und diese auf bemehlter Arbeitsfläche zu 5–6 cm langen Würstchen rollen, die Enden dabei dünner formen. Zum Kipferl biegen und auf ein vorbereitetes Blech legen. Im Ofen (Mitte) 12–15 Minuten backen, bis die Spitzen leicht braun werden.

3 In einer Schüssel Zucker mit Vanillezucker mischen und die heißen Kipferl mit der Oberseite hineindrücken.

Sie sind herrlich schokoladig und schmecken auch im Sommer:

Schokokipferl

250 g Mehl, 1 Msp Backpulver
1 EL Kakao
125 g Zucker
1 Pck Vanillezucker
100 g gemahlene Haselnüsse
100 g Schokoraspeln
200 g weiche Butter
1 Ei
100 Zucker zum Wälzen

Für ca. 80 Stück
45 Min. Zubereitung
13 Min. Backen

1 Aus Mehl, Backpulver, Kakao, Zucker, Vanillezucker, Nüssen, Schokoraspeln, Butter und Ei einen glatten Teig kneten. In Folie gewickelt über Nacht im Kühlschrank ruhen lassen.

2 Ofen auf 200°C vorheizen (Umluft 180°C, Gas Stufe 3). Den Teig in mehrere Portionen teilen und jede zu 2 cm dicken Rollen formen. In 1,5 cm lange Stücke schneiden und diese zu 5–6 cm langen Würstchen rollen, die Enden dabei dünner formen. Zum Kipferl biegen und auf ein vorbereitetes Blech legen. Im Ofen (Mitte) 10–13 Minuten backen.

3 Den Zucker in eine kleine Schüssel geben und die Kipferl noch heiß mit der Oberseite hineindrücken.

Variante: 150 g Kuvertüre grob hacken und mit ½ TL Kokosfett im Wasserbad schmelzen lassen. Kipferl mit den Enden eintauchen und auf Butterbrotpapier trocknen lassen.

Kipferl mal ganz anders, nämlich mit feinem Kaffeearoma. Besonders köstlich schmecken sie im Sommer – direkt aus dem Kühlschrank serviert.

Cappuccinohörnchen

250 g Mehl
1 Msp Backpulver
3 EL Instant-Cappuccinopulver
125 g Zucker
100 g gemahlene Mandeln
100 g Schokoraspeln
200 g weiche Butter
1 Ei
200 g Zartbitterkuvertüre
1 TL Kokosfett

Für ca. 90 Stück
1 Std. 10 Min. Zubereitung
12–15 Min. Backen

1 Aus Mehl, Backpulver, Cappuccinopulver, Zucker, Mandeln, Schokoraspeln, Butter und Ei einen glatten Teig kneten. In Folie gewickelt über Nacht im Kühlschrank ruhen lassen.

2 Ofen auf 200°C vorheizen (Umluft 180°C, Gas Stufe 3). Den Teig in mehrere Portionen teilen und auf bemehlter Arbeitsfläche jede zu 2 cm dicken Rollen formen. In 1,5 cm lange Stücke schneiden und diese zu ca. 5–6 cm langen Würstchen rollen, die Enden dabei dünner formen. Zum Hörnchen biegen und auf ein vorbereitetes Blech legen. Im Ofen (Mitte) 12–15 Minuten backen, bis die Spitzen leicht braun werden.

3 Die Kuvertüre grob hacken und zusammen mit dem Kokosfett im Wasserbad schmelzen. Die Hörnchen mit den Spitzen eintauchen und auf Butterbrotpapier trocknen lassen.

Mürbes Alljahres-Gebäck, das nicht nur gut aussieht.

Vanille-Amaretto-Brezeln

250 g Mehl
1 Msp Backpulver
80 g Zucker
5 Pck Vanillezucker
125 g weiche Butter
1 Ei
150 g Puderzucker
2 EL Amaretto
1 EL Milch

Für ca. 55 Stück
1 Std. 10 Min. Zubereitung
15 Min. Backen

1 Aus Mehl, Backpulver, Zucker, Vanillezucker, Butter und Ei einen glatten Teig kneten. In Folie gewickelt über Nacht im Kühlschrank ruhen lassen.

2 Ofen auf 200°C vorheizen (Umluft 180°, Gas Stufe 3). Aus dem Teig portionsweise dünne Rollen mit 0,5 cm ø formen. Diese in 15 cm lange Stücke schneiden, Brezeln daraus legen und auf das vorbereitete Blech setzen. Im Ofen (Mitte) 12–15 Minuten hellbraun backen.

3 Aus Puderzucker, Amaretto und Milch einen glatten Guss herstellen. Die abgekühlten Brezeln damit bestreichen und auf Butterbrotpapier trocknen lassen.

Geben Sie sich die Kugel – und zwar diese knusper-knackigen Kekskugeln, die obendrein noch ganz schnell gemacht sind:

Cashew-Kugeln

200 g geröstete und gesalzene Cashewkerne
250 g Mehl
1 Msp Backpulver
125 g Zucker
1 Pck Vanillezucker
50 g Schokoraspel
150 g weiche Butter
1 Ei
100 g Vollmilchkuvertüre
½ TL Kokosfett

Für ca. 55 Stück
45 Min. Zubereitung
20 Min. Backen

1 55 ganze Cashewkerne aussortieren, kurz mit kaltem Wasser abbrausen und trocknen lassen. Die restlichen Cashews grob hacken. Aus Mehl, Backpulver, Zucker, Vanillezucker, Schokoraspeln, gehackten Cashews, Butter und Ei einen glatten Teig kneten. In Folie gewickelt über Nacht im Kühlschrank ruhen lassen.

2 Ofen auf 200°C vorheizen (Umluft 180°C, Gas Stufe 3). Teig portionieren und Kugeln mit 3 cm ø formen. Auf ein vorbereitetes Blech legen, etwas flach drücken und im Ofen (Mitte) 15–20 Minuten hellbraun backen.

3 Die Kuvertüre grob hacken und mit Kokosfett im Wasserbad schmelzen. Mit einem Teelöffel kleine Kleckse auf die abgekühlten Kugeln geben und je 1 ganzen Cashewkern darauf setzen. Auf Butterbrotpapier trocknen lassen.

Feines Nugataroma mit knackigem Haselnusskern.

Nugatkugeln

300 g Mehl
½ TL Backpulver
1 Pck Vanillezucker
200 g Nuss-Nugatcreme
100 g weiche Butter
1 Ei
ca. 50 ganze Haselnüsse
3 EL Mandelblättchen
100 g Zartbitterkuvertüre
½ TL Kokosfett

Für ca. 50 Stück
55 Min. Zubereitung
15-17 Min. Backen

1 Aus Mehl, Backpulver, Vanillezucker, Nugatcreme, Butter und Ei einen glatten Teig kneten. In Folie gewickelt über Nacht im Kühlschrank ruhen lassen.

2 Ofen auf 200°C vorheizen (Umluft 180°C, Gas Stufe 3). Aus dem Teig ca. 50 gleich große Kugeln formen, je eine Haselnuss hineindrücken und nachformen. Auf ein vorbereitetes Blech setzen und im Ofen (Mitte) 15–17 Minuten backen.

3 Die Mandelblättchen in einer kleinen Pfanne ohne Fett leicht anrösten und abkühlen lassen. Die Kuvertüre grob hacken und zusammen mit dem Kokosfett im Wasserbad schmelzen. Die Nugatkugeln mit der Oberseite in die Kuvertüre eintauchen und auf Butterbrotpapier setzen. Mit den Mandelblättchen bestreuen und trocknen lassen.

Pekannuss-Bissen

Für den Teig:
150 g Pekannüsse
250 g Mehl, 1 Msp Backpulver
125 g Zucker
2 EL Instant-Cappuccinopulver
150 g weiche Butter
1 Ei

Für den Guss:
125 g Vollmilchkuvertüre
50 g Sahne
1 EL Instant-Cappuccinopulver

Für ca. 60 Stück
55 Min. Zubereitung
15–20 Min. Backen

1 60 schöne Pekannusshälften für die Deko beiseitestellen. Den Rest grob hacken und mit den anderen Zutaten zu einem glatten Teig verkneten. In Folie gewickelt über Nacht im Kühlschrank ruhen lassen.

2 Ofen auf 200°C vorheizen (Umluft 180°C, Gast Stufe 3). Aus dem Teig zuerst Kugeln mit 2,5 cm ø drehen, diese dann auf leicht bemehlter Arbeitsfläche leicht länglich rollen und zuletzt jede etwas flach drücken. Auf das vorbereitete Blech setzen und im Ofen (Mitte) 15–20 Minuten hellbraun backen.

3 Für den Guss die Kuvertüre grob hacken. In einem kleinen Topf die Sahne zum Kochen bringen und vom Herd nehmen. Das Cappuccinopulver und die Kuvertüre zugeben und unter Rühren darin auflösen. Mit den Quirlen des Handrührgerätes kurz durchquirlen und

leicht abkühlen lassen. Mit einem Teelöffel einen Klecks auf jeden Keks geben und je eine Pekannusshälfte darauf setzen. Auf Butterbrotpapier trocknen lassen.

Haselnuss-Stängelchen

250 g Mehl, 1 Msp Backpulver
75 g Zucker
1 Pck Vanillezucker
100 g grob gehackte Haselnüsse
1 Msp Zimt
150 g weiche Butter
1 Ei
150 g Haselnuss-Kuchenglasur
2–3 EL Haselnussblättchen

Für ca. 70 Stück
55 Min. Zubereitung
15 Min. Backen

1 Aus Mehl, Backpulver, Zucker, Vanillezucker, Nüssen, Zimt, Butter und Ei einen glatten Teig kneten. In Folie gewickelt über Nacht im Kühlschrank ruhen lassen.

2 Ofen auf 200°C vorheizen (Umluft 180°C, Gas Stufe 3). Teig portionsweise auf bemehlter Arbeitsfläche zu Stangen von ca. 1 cm ø rollen. In 5,5 cm lange Stücke schneiden und auf ein vorbereitetes Blech legen. Im Ofen (Mitte) 12–15 Minuten hellbraun backen.

3 Die Kuchenglasur im Wasserbad schmelzen lassen, Stängelchen halb hineintauchen und auf Butterbrotpapier legen. Mit Haselnussblättchen belegen und trocknen lassen.

Sommerliches Teegebäck, das leicht gelingt, und auch auf dem weihnachtlichen Plätzchenteller eine gute Figur macht.

Zitronenstangen

50 g gehackte Pistazien
250 g Mehl
1 Msp Backpulver
100 g Zucker
50 g gemahlene Mandeln
abgeriebene Schale von 1 Bio-Zitrone
125 g weiche Butter
1 Ei
100 g Puderzucker
3 EL Zitronensaft

Für ca. 60 Stück
50 Min. Zubereitung
15 Min. Backen

1 Von den Pistazien 2 EL für die Deko beiseitestellen. Aus den restlichen Pistazien, Mehl, Backpulver, Zucker, Mandeln, Zitronenschale, Butter und Ei einen glatten Teig kneten und in Folie gewickelt über Nacht im Kühlschrank ruhen lassen.

2 Ofen auf 200°C vorheizen (Umluft 180°C, Gas Stufe 3). Teig in mehrere Portionen teilen und jede auf bemehlter Arbeitsfläche zu 1 cm dicken Rollen formen. Diese in 6 cm lange Stücke schneiden und auf das vorbereitete Blech legen. Im Ofen (Mitte) 12–15 Minuten hellbraun backen.

3 Aus Puderzucker und Zitronensaft einen glatten Guss rühren und die abgekühlten Stangen zur Hälfte damit bestreichen. Auf Butterbrotpapier setzen, mit gehackten Pistazien bestreuen und trocknen lassen.

Fruchtig-scharf-aromatisch-lecker. Noch Fragen?

Ingwer-Schoko-Sticks

150 g kandierter Ingwer
250 g Mehl
1 Msp Backpulver
1 EL Kakao
100 g Zucker
50 g Schokoraspeln
150 g weiche Butter
1 Ei
100 g Zartbitterkuvertüre
½ TL Kokosfett

Für ca. 35 Stück
50 Min. Zubereitung
12–14 Min. Backen

1 Den Ingwer sehr klein hacken und 50 g für die Deko beiseitestellen. Aus Mehl, Backpulver, Kakao, Zucker, Schokoraspeln, Butter und Ei einen glatten Teig kneten und in Folie gewickelt über Nacht im Kühlschrank ruhen lassen.

2 Ofen auf 200°C vorheizen (Umluft 180°C, Gas Stufe 3). Teig in mehrere Portionen teilen und jede auf bemehlter Arbeitsfläche zu ca. 1,5 cm dicken Rollen formen. Diese in 10 cm lange Stangen schneiden und auf ein vorbereitetes Blech legen. Im Ofen (Mitte) 12–14 Minuten backen. Auf dem Blech abkühlen lassen.

3 Die Kuvertüre grob hacken und zusammen mit dem Kokosfett in einer Metallschüssel im Wasserbad schmelzen. Die Sticks zur Hälfte eintauchen und auf Butterbrotpapier legen. Mit Ingwerwürfeln bestreuen und trocknen lassen.

Marmeladenkrapferl

*200 g weiche Butter
2 Eier
125 g Zucker
1 Pck Vanillezucker
375 g Mehl
50 g Schokoraspeln
½ TL Backpulver
1 Ei + 1 TL Milch zum Bestreichen
100 g Holundergelee (siehe Rezept S. 118)
3 EL Kokosraspeln zum Bestreuen*

*Für ca. 75 Stück
40 Min. Zubereitung
10–15 Min. Backen*

1 Die Butter mit Eiern, Zucker und Vanillezucker cremig schlagen. Das Mehl mit den Schokoraspeln und dem Backpulver zugeben und zu einem glatten Teig verkneten. In Folie gewickelt über Nacht im Kühlschrank ruhen lassen.

2 Das Ei mit der Milch verquirlen. Mit bemehlten Händen kleine Kugeln von ca. 2 bis höchstens 2,5 cm ø drehen. In jede mit dem Stiel eines Kochlöffels eine tiefe Mulde drücken, mit Ei bepinseln und nebeneinander auf eine Platte setzen. Die Marmelade glatt rühren und diese vorsichtig in die Mulden füllen. Mit Kokosraspel bestreuen und 1 Stunde im Kühlschrank ruhen lassen.

3 Den Ofen auf 190°C vorheizen (Umluft 175°C, Gas Stufe 2). Die Krapferl auf das vorbereitete Blech setzen und im Ofen (Mitte) 10–15 Minuten hellbraun backen.

TIPP: *Die Krapferl schmecken natürlich auch mit Erdbeermarmelade oder Johannisbeergelee oder Aprikosenmarmelade oder Orangengelee oder oder oder ...*

salzige PLÄTZCHEN

Das etwas andere Gebäck: Herzhaft-salzig passt es zum Glas Wein, zum Bier, als Beglei-tung zur Käseplatte oder zum Salat.
Dieses Apero-Gebäck ist eine leckere Alterna-tive zu Kartoffelchips & Co. und ein willkom-menes Mitbringsel für die nächste Party.

Sie schmecken zum Wein oder zum Bier und gehen ganz schnell.

Dill-Parmesantaler

100 g Parmesankäse am Stück
250 g Mehl
100 g gemahlene Haselnüsse
1 TL Salz
1 TL Pfeffer
2 EL getrockneter Dill
200 g Butter
1 Ei

Für ca. 80 Stück
30 Min. Zubereitung
12–14 Min. Backen

1 Den Käse fein reiben und mit den restlichen Zutaten zu einem glatten Teig verkneten. In 5 Portionen teilen und jede auf bemehlter Arbeitsfläche zu einer Rolle von 3 cm ø formen. In Folie gewickelt über Nacht im Kühlschrank ruhen lassen.

2 Ofen auf 200°C vorheizen (Umluft 180°C, Gas Stufe 3). Die Teigrollen mit einem scharfen Messer in 5 mm dicke Scheiben schneiden und auf das vorbereitete Blech legen. Im Ofen (Mitte) 12–14 Minuten backen, bis die Unterseite hellbraun ist.

Curry ist eine Mischung aus vielen verschiedenen Gewürzen, daher gibt es jede Menge unterschiedlicher Sorten. Verwenden Sie einfach Ihre Lieblingssorte!

Curry-Sesamtaler

100 g Parmesankäse am Stück
250 g Mehl
1½ TL Salz
1 TL Pfeffer, gemahlen
½ TL Knoblauchgranulat
2 EL Currypulver
100 g Sesam
200 g weiche Butter
1 Ei

Für ca. 80 Stück
30 Min. Zubereitung
12–14 Min. Backen

1 Den Parmesan fein reiben und mit den restlichen Zutaten zu einem gatten Teig verkneten. In 5 Portionen teilen und jede auf bemehlter Arbeitsfläche zu einer Rolle mit ca. 3 cm ø formen. In Folie gewickelt über Nacht im Kühlschrank ruhen lassen.

2 Ofen auf 200°C vorheizen (Umluft 180°C, Gas Stufe 3). Die Rollen mit einem scharfen Messer in 5 mm dicke Scheiben schneiden, auf das vorbereitete Blech legen und im Ofen (Mitte) 12–14 Minuten hellbraun backen. Auf dem Blech abkühlen lassen.

Aromatischer Bergkäse und eine große Portion Paprika geben diesen herzhaften Keksen den tollen Geschmack. Und sie sind ohne viel Aufwand gemacht.

Paprika-Bergkäsetaler

100 g Bergkäse
250 g Mehl
100 gemahlene Mandeln
1½ TL Salz
½ TL Pfeffer
3 TL Paprikapulver
1½ TL Knoblauchgranulat
200 g weiche Butter
1 Ei

Für ca. 75 Stück
35 Min. Zubereitung
12–14 Min. Backen

1 Den Käse fein reiben und zusammen mit den anderen Zutaten zu einem glatten Teig verkneten. In 5 Portionen teilen und jede auf bemehlter Arbeitsfläche zu einer Rolle von 3-4 cm ø formen. In Folie gewickelt über Nacht im Kühlschrank ruhen lassen.

2 Den Ofen auf 200°C vorheizen (Umluft 180°C, Gas Stufe 3). Die Teigrollen mit einem scharfen Messer in 5 mm dicke Scheiben schneiden, auf das vorbereitete Blech legen und im Ofen (Mitte) 12–14 Minuten backen, bis die Unterseite hellbraun ist. Auf dem Blech abkühlen lassen.

Tipp: *Sie mögen's gerne scharf? Dann fügen Sie dem Teig doch eine Prise Chilipulver (oder auch zwei) hinzu!*

Geröstete Zwiebeln geben diesen herzhaften Talern, die auch noch ganz schnell zubereitet sind, das gewisse Etwas.

Röstzwiebeltaler

100 g Bergkäse
250 g Mehl
100 g gemahlene Haselnüsse
1½ TL Salz
1 TL Pfeffer, gemahlen
½ TL Knoblauchgranulat
75 g Röstzwiebeln (gibt es fertig zu kaufen)
200 g weiche Butter
1 Ei

Für ca. 75 Stück
30 Min. Zubereitung
12–15 Min. Backen

1 Den Käse fein reiben und mit den restlichen Zutaten zu einem glatten Teig verkneten. Teig in 5 Portionen teilen und jede auf bemehlter Arbeitsfläche zu einer Rolle von ca. 3,5 cm ø formen. In Folie gewickelt über Nacht im Kühlschrank ruhen lassen.

2 Ofen auf 200°C vorheizen (Umluft 180°C, Gas Stufe 3). Die Teigrollen mit einem scharfen Messer in 5 mm dicke Scheiben schneiden und auf das vorbereitete Blech legen. Im Ofen (Mitte) 12–15 Minuten backen, bis die Unterseite leicht braun ist.

Sie gehen wunderbar schnell, weil man sie einfach nur aufs Backblech löffeln muss.

Erdnuss-Kürbiskern-Cookies

250 g weiche Butter
1 TL Salz
1 Msp Pfeffer
2 Eier
1 EL Öl (z.B. Rapsöl)
2 TL Meerrettich (aus dem Glas) oder Wasabi
350 g Mehl
1 TL Backpulver
100 g Kürbiskerne
100 g geröstete und gesalzene Erdnüsse
ca. 30 ganze Erdnüsse und ca. 30 Kürbiskerne für die Deko

Für ca. 60 Stück
30 Min. Zubereitung
15–20 Min. Backen

1 Ofen auf 200°C vorheizen (180°C Umluft, Gas Stufe 3). Die Butter mit Salz und Pfeffer cremig schlagen. Eier, Öl und Meerrettich unterrühren. Die Quirle des Rührgerätes gegen Knethaken austauschen. Mehl mit Backpulver, Kürbiskernen und Erdnüssen zugeben und alles gut verkneten.

2 Mit zwei Teelöffeln kleine Häufchen auf das vorbereitete Blech setzen und in jedes eine Erdnuss oder einen Kürbiskern drücken. Im Ofen (Mitte) 15–20 Minuten hellbraun backen.

Ein schneller pikanter Snack zu Wein oder Bier – auch sie werden einfach aufs Blech gelöffelt.

Tomaten-Pinienkern-Cookies

50 g in Öl eingelegte getrocknete Tomaten
200 g weiche Butter
2 TL Salz
2 Eier
1 EL Olivenöl
350 g Mehl
1 TL Backpulver
½ TL Pfeffer, gemahlen
½ TL Knoblauchgranulat
1 EL getrockneter Oregano
100 g Pinienkerne

Für ca. 50 Stück
35 Min. Zubereitung
12–14 Min. Backen

1 Den Ofen auf 200°C vorheizen (Umluft 180°C, Gas Stufe 3). Die Tomaten abtropfen lassen. 50 schmale Streifen für die Deko schneiden, den Rest klein würfeln. Die Butter mit dem Salz cremig schlagen, Eier unterrühren und das Olivenöl zugeben. Die Quirle des Handrührgerätes gegen Knethaken austauschen. Das Mehl mit den restlichen Zutaten zugeben und gut unterkneten.

2 Mit zwei Teelöffeln kleine Häufchen auf das vorbereitete Blech setzen und in jedes einen Tomatenstreifen drücken. Im Ofen (Mitte) 12–14 Minuten backen, bis die Unterseite hellbraun ist. Auf dem Blech abkühlen lassen.

Sie sind die herzhaften Verwandten der süßen italienischen Knabberei.

Kräuter-Cantuccini mit Salzmandeln

200 g Salzmandeln
200 g Mehl
1 TL Backpulver
1 TL Salz
½ TL Knoblauchgranulat
3 TL getrockneter Oregano
50 g weiche Butter
1 EL Olivenöl
2 Eier

Für ca. 55 Stück
35 Min. Zubereitung
20–25 Min. + 10–15 Min. Backen

1 Ofen auf 200°C vorheizen (Umluft 180°C, Gas Stufe 3). Die Salzmandeln grob hacken und zusammen mit den anderen Zutaten zu einem glatten Teig verkneten. In 5 Portionen teilen und diese zu Rollen von 3 cm ø formen. Auf das vorbereitete Blech legen und etwas flach drücken. Im Ofen (Mitte) 20–25 Minuten hellbraun backen. Aus dem Ofen nehmen und die Rollen mit einem scharfen Messer (am besten mit dem elektrischen Messer) in ca. 1,5 cm breite Scheiben schneiden. Mit der Schnittfläche wieder aufs Blech legen und im Ofen nochmal 10–15 Minuten backen.

TIPP: *Salzmandeln kann man leicht selbst machen, Rezept s. S. 118.*

Diese Cookies schmecken nach Italienurlaub!

Oliven-Sonnenblumen-Cookies

50 g grüne Oliven ohne Stein für den Teig + 15 Stück für die Deko
50 g schwarze Oliven ohne Stein für den Teig + 15 Stück für die Deko
250 g weiche Butter
1 ½ TL Salz
1 TL Pfeffer
½ TL Knoblauchgranulat
2 Eier
1 EL Olivenöl
100 g Sonnenblumenkerne
350 g Mehl
1 TL Backpulver

Für ca. 60 Stück
35 Min. Zubereitung
12–15 Min. Backen

1 Den Ofen auf 200°C vorheizen (Umluft 180°C, Gas Stufe 3). Die Oliven für den Teig grob würfeln. Die Oliven für die Deko quer halbieren und beiseitestellen. Die Butter mit Salz, Pfeffer und Knoblauch cremig rühren, Eier und Öl unterrühren. Die Quirle des Handrührgerätes gegen Knethaken austauschen. Die Sonnenblumenkerne, Olivenwürfel, Mehl und Backpulver dazugeben und gut durchkneten.

2 Mit zwei Teelöffeln kleine Häufchen auf das vorbereitete Blech setzen und in jedes eine halbe Olive drücken. Im Ofen (Mitte) 12–15 Minuten backen, bis die Unterseite hellbraun ist. Auf dem Blech abkühlen lassen.

Obwohl niemand gerne Käsefüße haben möchte – diese Käsefüße lieben alle! Sie schmecken zum Wein, zum Bier und auch als Beilage zur Suppe.

Käsefüße

200 g Parmesankäse am Stück
200 g Mehl
1 gehäufter TL Paprikapulver, 1 TL Salz
200 g weiche Butter
1 Ei + 1 TL Milch zum Bestreichen
2 EL Kümmel

Für ca. 60–80 Stück (je nach Größe)
40 Min. Zubereitung
8–10 Min. Backen

1 Den Käse fein reiben und mit Mehl, Paprikapulver, Salz und Butter zu einem glatten Teig verkneten. In Folie gewickelt über Nacht im Kühlschrank ruhen lassen.

2 Ofen auf 180°C vorheizen (Umluft 160°C, Gas Stufe 2). Das Ei mit der Milch verquirlen. Den Kümmel mit dem Salz vermischen. Teig auf bemehlter Arbeitsfläche ca. 3 mm dick ausrollen. Verschieden große Füße ausstechen, auf das vorbereitete Blech legen und mit der Eiermilch bestreichen. Mit Kümmelsalz bestreuen und im Ofen (Mitte) 8–10 Minuten hellgelb backen. Auf dem Blech abkühlen lassen.

TIPP 1: *Die Käsefüße nicht zu dunkel werden lassen, da sie sonst leicht bitter werden!*

TIPP 2: *Sie können die Käsefüße natürlich auch mit anderen leckeren Sachen bestreuen, zum Beispiel mit Sesam, Leinsamen, Hagelsalz, gemörserten Korianderkörnern, Fenchelsamen, ungemahlenem Mohn, Chili-Flocken oder sie einfach nur mit schwarzem Pfeffer aus der Mühle übermahlen.*

Kräftiger Apero-Keks:

Roggenrauten

250 g Roggenmehl (am besten frisch gemahlen mit Kleieanteil)
1 ½ TL Backpulver
1 ½ TL Salz
½ TL Knoblauchgranulat
250 g fein geriebener Emmentaler
150 g Butter
1 Ei
1 Ei + 1 TL Milch zum Bestreichen
100 g fein geriebener Emmentaler zum Bestreuen

Für ca. 80 Stück
55 Min. Zubereitung
10–14 Min. Backen

1 Aus Mehl, Backpulver, Salz, Knoblauch, Emmentaler, Butter und Ei einen glatten Teig kneten und in Folie gewickelt über Nacht im Kühlschrank ruhen lassen.

2 Ofen auf 180°C vorheizen (Umluft 160°C, Gas Stufe 2). Das Ei mit der Milch verquirlen. Den Teig auf bemehlter Arbeitsfläche 3 mm dick ausrollen, Rauten ausstechen und auf das vorbereitete Blech legen. Mit der Eiermilch bestreichen, geriebenen Emmentaler darüberstreuen und im Ofen (Mitte) 10–14 Min. hellbraun backen

Sie passen mit ihrem feinen Curry-Aroma wunderbar zu Wein und Bier – aber auch zu Apfelschorle und anderem Nicht-Alkoholischem.

Curry-Ecken

250 g Mehl
1 Msp Backpulver
1 TL Salz
2 TL Currypulver oder 1 TL scharfes Currypulver
125 g weiche Butter
1 Ei
1 Ei + 1 TL Milch zum Bestreichen
2 EL ungemahlener Mohn

Für ca. 50 Stück
40 Min. Zubereitung
8–10 Min. Backen

1 Aus Mehl, Backpulver, Salz, Curry, Butter und Ei einen glatten Teig kneten. In Folie gewickelt über Nacht im Kühlschrank ruhen lassen.

2 Den Ofen auf 200°C vorheizen (Umluft 180°C, Gas Stufe 3). Das Ei mit der Milch verquirlen. Den Teig auf bemehlter Arbeitsfläche ca. 3 mm dick ausrollen und Dreiecke ausstechen. Auf das vorbereitete Blech legen und mit Eiermilch bestreichen. Mit Mohn bestreuen und im Ofen (Mitte) 8–10 Minuten hellbraun backen.

Gewürze aus der asiatischen Küche verleihen diesem Gebäck den ganz besonderen Geschmack.

Asia-Taler

250 g Mehl
1 Msp Backpulver
1 TL Salz
1 TL Asia-Gewürz (z.B. „Fünf Gewürze")
1 Msp Chilipulver
½ TL Knoblauchgranulat
125 g weiche Butter
1 Ei
1 Ei + 1 TL Milch zum Bestreichen
1 TL Chiliflocken
1 EL Sesam

Für ca. 55 Stück
35 Min. Zubereitung
9–12 Min. Backen

1 Aus Mehl, Backpulver, Salz, Asia-Gewürz, Chili, Knoblauch, Butter und Ei einen glatten Teig kneten. In Folie gewickelt über Nacht im Kühlschrank ruhen lassen.

2 Den Ofen auf 200°C vorheizen (Umluft 180°C, Gas Stufe 3). Das Ei mit der Milch verquirlen. Den Teig auf der bemehlten Arbeitsfläche ca. 3 mm dick ausrollen und runde Plätzchen mit 5 cm ø ausstechen. Auf das vorbereitete Blech legen und mit Eiermilch bestreichen. Mit Chiliflocken und Sesam bestreuen und im Ofen (Mitte) 9–12 Minuten hellbraun backen.

Mediterraner Knabbergenuss.

Pizza-Bissen

250 g Mehl
1 Msp Backpulver
1 TL Salz
1 TL Pizzagewürz (gibt es fertig gemischt im Gewürzregal)
½ TL Knoblauchgranulat
125 g Butter
1 Ei
5 EL Tomatenmark + 1 EL Olivenöl zum Bestreichen
3 EL Pizzagewürz zum Bestreuen
50 g fein geriebener Gouda

Für ca. 60 Stück
55 Min. Zubereitung
12–15 Min. Backen

1 Aus Mehl, Backpulver, Salz, Pizzagewürz, Knoblauch, Butter und Ei einen glatten Teig kneten und in Folie gewickelt über Nacht im Kühlschrank ruhen lassen.

2 Ofen auf 200°C vorheizen (Umluft 180°C, Gas Stufe 3). In einer kleinen Schüssel das Tomatenmark mit dem Olivenöl glatt rühren. Den Teig auf bemehlter Arbeitsfläche ca. 3 mm dick ausrollen, runde Plätzchen mit 5 mm ø ausstechen und auf das vorbereitete Blech legen. Dünn mit Tomatenmark bestreichen, mit Pizzagewürz bestreuen und den Gouda darüberstreuen. Im Ofen (Mitte) 12–15 Minuten backen, bis die Plätzchen an den Rändern braun werden.

Variante: *Bestreichen Sie die ausgestochenen Plätzchen mit grünem Pesto und streuen Sie fein geriebenen Ziegenkäse darüber!*

Sie sind ein Hingucker und mit dem unkomplizierten Quarkmürbeteig gelingen sie auch ganz einfach.

Kümmelstangen

200 g Mehl
1 ½ TL Salz
1 TL Paprikapulver
200 g abgetropfter Magerquark
200 g weiche Butter
1 Ei + 1 TL Milch zum Bestreichen
2 EL Kümmel + 1 EL Hagelsalz zum Bestreuen

Für ca. 45 Stück
55 Min. Zubereitung
12–15 Min. Backen

1 Aus Mehl, Salz, Paprika, Quark und Butter einen glatten Teig kneten. In Folie gewickelt über Nacht im Kühlschrank ruhen lassen.

2 Das Ei mit der Milch verquirlen. Den Teig auf bemehlter Arbeitsfläche 3 mm dick ausrollen und mit dem Teigrad Streifen in 2 cm Breite und 10 cm Länge schneiden. Auf das vorbereitete Blech legen, mit der Eiermilch bestreichen und Kümmel und Hagelsalz darüberstreuen. 1 Stunde kaltstellen.

3 Ofen auf 200°C vorheizen (Umluft 180°C, Gas Stufe 3). Das Blech mit den Käsestangen in den Ofen schieben (Mitte) und 12–15 Minuten goldgelb backen.

TIPP 1: *Schmecken frisch am besten!*

TIPP 2: *Statt mit Kümmel und Hagelsalz mit 50 g fein geriebenem Parmesankäse bestreuen.*

Sie sehen nicht nur sehr schön aus — sie schmecken auch ganz hervorragend!

Pesto-Schnecken

250 g Mehl
1 TL Salz
125 g weiche Butter
1 Ei
200 g Pesto (grün oder rot)

Für ca. 70 Stück
45 Min. Zubereitung
10–14 Min. Backen

1 Aus Mehl, Salz, Butter und Ei einen glatten Teig kneten und in Folie gepackt über Nacht im Kühlschrank ruhen lassen.

2 Den Teig in 3 Portionen teilen und jede auf bemehlter Arbeitsfläche ca. 3 mm dick ausrollen. Platten von 20x20 cm schneiden und dünn mit Pesto bestreichen. Von einer Seite her fest aufrollen und in Folie gewickelt nochmals 2 Stunden im Kühlschrank ruhen lassen.

3 Ofen auf 200°C vorheizen (Umluft 180°C, Gas Stufe 3). Die Rollen mit einem scharfen Messer in 5–7 mm dicke Scheiben schneiden und auf das vorbereitete Blech legen. Im Ofen (Mitte) 10–14 Minuten hellbraun backen.

Grünes Pesto

1 Topf Basilikum oder Petersilie
1 Knoblauchzehe
½ TL Salz, ½ TL Pfeffer
100 ml Olivenöl
50 g fein geriebener Parmesankäse

1 Die Kräuter abschneiden, kurz kalt abbrausen und trocken schütteln. Blätter abzupfen und in einen Pürierbecher geben. Die Knoblauchzehe schälen, grob hacken und mit den restlichen Zutaten zu den Kräutern geben. Mit dem Pürierstab gut durchpürieren. Abschmecken und in heiß ausgespülte Schraubgläser füllen. Damit das Pesto lange hält, stets darauf achten, dass es mit Olivenöl bedeckt ist!

Rotes Pesto

200 g rote Paprika
1 Knoblauchzehe
½ TL Salz, ½ TL Pfeffer
100 ml Olivenöl
50 g fein geriebener Parmesankäse

1 Die Paprika waschen, vierteln, Kerne entfernen, grob würfeln und in einen Pürierbecher geben. Die Knoblauchzehe schälen, grob hacken und zusammen mit den anderen Zutaten zu der Paprika geben. Mit dem Pürierstab gründlich durchpürieren. Abschmecken und in heiß ausgespülte Schraubgläser füllen. Damit das Pesto lange hält, stets darauf achten, dass es mit Olivenöl bedeckt ist!

TIPP: *Nicht nur in Pestoschnecken — auch mit Nudeln schmecken diese beiden Pasten ganz wunderbar!*

Extras

Marmeladen zum Füllen, die man nicht im Laden bekommt

Natürlich ist das Angebot im Marmeladenregal im Supermarkt riesig – aber Sie können Ihre Plätzchen auch mal mit ganz besonderen Sorten füllen. In einem hübsch verzierten Glas sind sie darüber hinaus auch ein schönes Geschenk oder Mitbringsel.

Orangengelee

5-10 Gläser mit Schraubverschluss

1 l frisch gepresster Orangensaft
1 kg Gelierzucker 1 : 1

Für 5–10 Gläser – je nach Größe der Gläser
ca. 60 Min. Zubereitung
15–20 Min. Kochen

1 Die Gläser gründlich spülen und heiß ausspülen. Mit der Öffnung nach unten auf ein frisches Geschirrtuch stellen. Die Deckel in einem Topf oder im Wasserkocher in reichlich Wasser abkochen. Bis zum Gebrauch im Wasser liegen lassen.

2 Den Orangensaft mit dem Gelierzucker in einem hohen Topf unter Rühren zum Kochen bringen. Unter weiterem Rühren etwa 5 Minuten (je nach Anleitung für den Gelierzucker) köcheln lassen. Nach der Gelierprobe (geben Sie einen großen Tropfen des Gelees auf einen Teller – wenn er schnell fest wird, ist das Gelee fertig) in die Gläser füllen und sofort mit Deckeln verschließen.

Pflaumen-Rum-Marmelade

1 kg entsteinte und grob zerkleinerte Pflaumen
1 kg Gelierzucker 1 : 1
2 Zimtstangen
4 cl Rum

Gläser mit Schraubverschluss

Für ca. 5–10 Gläser, je nach Größe der Gläser
ca. 60 Min. Zubereitung
15–20 Min. Kochen

1 Am Abend oder wenigstens ein paar Stunden vorher die Pflaumen mit dem Zucker und den Zimtstangen in einen hohen Topf geben. Zugedeckt durchziehen lassen.

2 Die Gläser gründlich spülen und heiß ausspülen. Mit der Öffnung nach unten auf ein frisches Geschirrtuch stellen. Die Deckel in einem Topf oder im Wasserkocher in reichlich Wasser abkochen. Bis zum Gebrauch im Wasser liegen lassen.

3 Die Pflaumen unter Rühren zum Kochen bringen. Zimtstangen entfernen und gut durchpürieren. Unter weiterem Rühren etwa 5 Minuten (je nach Anleitung für den Gelierzucker) köcheln lassen. Nach der Gelierprobe (geben Sie einen größeren Tropfen Marmelade auf einen Teller – wenn er schnell fest wird, ist die Marmelade fertig) den Rum untermischen. Die Marmelade in die Gläser füllen und sofort mit Deckeln verschließen.

Holundergelee

Für den Holundersaft:
ca. 1,5 kg frisch geerntete reife Holunderbeeren

Gläser mit Schraubverschluss

Für das Gelee:
1 l Holundersaft
Saft von ½ Zitrone
1,2 kg Gelierzucker 1 : 1

Für 5–10 Gläser, je nach Größe der Gläser
1 Std. 30 Min. Zubereitung
15–20 Min. Kochen

1 Holunder waschen und abtropfen lassen. Die reifen Beeren von den Stängeln abstreifen und in einen großen Topf geben. 200 ml Wasser zugeben und zum Kochen bringen. So lange kochen, bis die Beeren platzen. Ein großes Sieb auf einen hohen Topf setzen und die Holundermasse hineingießen. Zugedeckt über Nacht abtropfen lassen. – Am einfachsten geht es mit dem Dampfentsafter!

2 Die Gläser gründlich spülen und heiß ausspülen. Mit der Öffnung nach unten auf ein frisches Geschirrtuch stellen. Die Deckel in einem Topf oder im Wasserkocher in reichlich Wasser abkochen. Bis zum Gebrauch im Wasser liegen lassen.

3 1 Liter Saft abmessen und zusammen mit Zitronensaft und Gelierzucker in einen hohen Topf geben.
Unter Rühren aufkochen und unter weiterem Rühren ca. 5 Minuten (je nach Anweisung für den Gelierzucker) köcheln lassen. Nach der Gelierprobe (geben Sie einen größeren Tropfen Gelee auf einen Teller – wenn er schnell fest wird, ist das Gelee fertig) in die Gläser füllen und sofort mit Deckeln verschließen.

TIPP: *Wenn Sie 500 ml frisch gepressten Orangensaft mit 500 ml Holundersaft mischen, bekommen Sie eine fruchtige Variante!*

Salzmandeln

250 g Mandeln
1 EL Öl (gerne auch Olivenöl)
Salz

1 Die Mandeln in eine Schüssel geben und mit kochendem Wasser überbrühen. Abgießen, sofort die Haut abziehen und gut trocknen lassen.

2 Die Mandeln mit dem Öl in einer Pfanne bei kleiner Hitze unter ständigem Rühren hellbraun anrösten. Noch heiß mit Salz bestreuen und auf Küchenpapier geben, damit das überschüssige Öl aufgesaugt wird. Abgekühlt in ein Schraubglas oder eine Dose füllen und kühl lagern.

TIPP: *Bald essen, denn die Salzmandeln werden relativ schnell ranzig!*

Hübsch verpackte Geschenke und Mitbringsel

Sie sind eingeladen und wollen etwas Besonderes mitbringen? Dann backen Sie doch einfach ein paar leckere Rezepte aus meinem Buch nach und packen Sie die Ergebnisse hübsch ein! – Worin? Da sind der Fantasie keinerlei Grenzen gesetzt!

- Wie wäre es mit einer hübschen oder originellen Tasse?

- Oder einer Bonbonniere?

- Bügelgläser eignen sich hervorragend!
- Auch ein Windlicht kann man als Behälter zweckentfremden.
- Oder vielleicht etwas Antikes? – Zum Beispiel eine alte Zuckerdose oder ein altes Milchkännchen?
- Auch Glas- oder Porzellanschüsseln sind prima Verpackungen und zusätzliches Geschenk.
- In einer besonders schönen Blechdose sind die Kekse gleich richtig aufbewahrt.
- ... oder ganz einfach in einer Zellophantüte, die es im Handel zu kaufen gibt – noch eine edle Schleife drum – fertig!

Leinpfad Verlag – Bücher mit Terroir ...

Gina Greifenstein:
Das Pfälzer Kartoffel-Buch

Zeigt mit 60 Rezepten die ganze Bandbreite der Kartoffel: die berühmten „Hoorische" (Kartoffelknödel halb und halb), Knödel, Suppen, Pürees oder Gnocchi, gefüllte Kartoffeln, Blech- und Ofenkartoffeln, Aufläufe, Kartoffel-Lasagne, drei verschiedene Puffer sowie acht Salate: Ein Muss für alle Kartoffelfans!

ISBN 978-3-942291-90-3, 128 S., 57 Farbfotos, Klappenbroschur, 13,90 €

Gina Greifenstein, Angelika Schulz-Parthu (Hg.):
Tödlicher Glühwein. *21 Weihnachtskrimis aus der Pfalz*

Da trifft sich eine Freundesclique zum letzten Mal zu ihrer traditionellen Burgenwanderung im Pfälzerwald, während eine alte Dame im Spätzug ausgerechnet von einem Nikolaus überfallen wird und ein Ehemann in Barbelroth Haus und Garten in ein glitzerndes, blinkendes Weihnachtswahnsinnsland verwandelt. Die Tatorte: Barbelroth, Flomersheim, Frankenthal, Groß-Bundenbach, Landau (4), Ludwigshafen (3), Neustadt (2), Nußdorf (2), der Pfälzerwald bei Leinsweiler, Speyer (2) und die Südpfalz (3).

ISBN 978-3-942291-80-4, 244 S., Broschur, 9,90 €
ebook: ISBN 978-3-942291-93-4, 8,99 €

Lust auf Blutwurst

Endlich wird die eingeschworene Gemeinde der Blutwurst-Fans ernst genommen! Denn Herbert Michel und Gina Greifenstein haben das einzige Blutwurst-Kochbuch geschrieben.

Mit 64 Rezepten, die aus unentschlossenen Blutwurstgegnern glühende Blutwurstliebhaber machen werden: Von drei Versionen für Himmel und Erd über eine Blutwurst-Lasagne, je zweimal Blutwurst-Crostini und Blutwurst-Carpaccio, jede Menge Salate, einer Blutwurst-Pannacotta bis hin zu Blutwurst Muffins.

Herbert Michel, Gina Greifenstein: Lust auf Blutwurst, ISBN 978-3-942291-87-3, 139 S., Klappenbroschur, 13,90 €

Sophia Schülke:
Lothringen entdecken. *30 Touren durch Stadt, Land, Wald und am Wasser entlang*

Mit 30 abwechslungsreichen Touren (26 Wanderungen, 4 Radtouren) führt Sophia Schülke zu den schönsten Stellen Lothringens. Mit Infokästen, Karten, Einkehrtipps, Hinweisen auf reizvolle Abstecher, Vorschlägen für Schlechtwetter-Alternativen und einem ausführlichen Serviceteil.

„Wanderer, Radfahrer, kommt ihr nach Lothringen, so vergesst dieses Buch nicht. (...) Man wird nicht müde, ihr (der Autorin) Etappe um Etappe zu folgen." (FAZ)

ISBN 978-3-942291-64-4, 184 S., Broschur, 14,90 €

Leinpfad Verlag. *Der kleine Verlag mit dem großen regionalen Programm!*
Leinpfad Verlag, Leinpfad 5, 55218 Ingelheim
Tel. 06132/8369, Fax 896951, www.leinpfadverlag.com, info@leinpfadverlag.de
Wir schicken Ihnen gerne unser Programm!